ŒUVRES COMPLÈTES

DE

GEORGE SAND

LÉGENDES RUSTIQUES

CALMANN LÉVY, ÉDITEUR

ŒUVRES COMPLÈTES
DE
GEORGE SAND
Format grand in-18.

LES AMOURS DE L'AGE D'OR.	1 vol.	JEANNE.	1 vol.
ADRIANI	1 —	JOURNAL D'UN VOYAGEUR	
ANDRÉ	1 —	PENDANT LA GUERRE.	1 —
ANTONIA	1 —	LAURA	1 —
AUTOUR DE LA TABLE	1 —	LÉGENDES RUSTIQUES	1 —
LE BEAU LAURENCE	1 —	LÉLIA. — Métella. — Cora.	2 —
LES BEAUX MESSIEURS DE		LETTRES D'UN VOYAGEUR.	1 —
BOIS-DORÉ	2 —	LUCRÉCIA FLORIANI. — La-	
CADIO	1 —	vinia	1 —
CÉSARINE DIETRICH	1 —	MADEMOISELLE LA QUINTI-	
LE CHATEAU DES DÉSERTES	1 —	NIE	1 —
LE CHATEAU DE PICTORDU.	1 —	MADEMOISELLE MERQUEM.	1 —
LE CHÊNE PARLANT	1 —	LES MAITRES MOSAISTES.	1 —
LE COMPAGNON DU TOUR DE		LES MAITRES SONNEURS.	1 —
FRANCE	2 —	MALGRÉTOUT	1 —
LA COMTESSE DE RUDOL-		LA MARE AU DIABLE	1 —
STADT	2 —	LE MARQUIS DE VILLEMER.	1 —
LA CONFESSION D'UNE JEUNE		MA SŒUR JEANNE	1 —
FILLE	2 —	MAUPRAT	1 —
CONSTANCE VERRIER	1 —	LE MEUNIER D'ANGIBAULT.	1 —
CONSUELO	3 —	MONSIEUR SYLVESTRE	1 —
CONTES D'UNE GRAND'MÈRE	1 —	MONT-REVÊCHE	1 —
LA COUPE	1 —	NANON	1 —
LES DAMES VERTES	1 —	NARCISSE	1 —
LA DANIELLA	2 —	NOUVELLES	1 —
LA DERNIÈRE ALDINI	1 —	PAULINE	1 —
LE DERNIER AMOUR	1 —	LA PETITE FADETTE	1 —
LES DEUX FRÈRES	1 —	LE PÉCHÉ DE M. ANTOINE.	2 —
LE DIABLE AUX CHAMPS	1 —	LE PICCININO	2 —
ELLE ET LUI	1 —	PIERRE QUI ROULE	1 —
LA FAMILLE DE GERMANDRE	1 —	PROMENADE AUTOUR D'UN	
LA FILLEULE	1 —	VILLAGE	1 —
FLAMARANDE	1 —	LE SECRÉTAIRE INTIME	1 —
FLAVIE	1 —	LES SEPT CORDES DE LA	
FRANCIA	1 —	LYRE	1 —
FRANÇOIS LE CHAMPI	1 —	SIMON	1 —
HISTOIRE DE MA VIE	4 —	TAMARIS	1 —
UN HIVER A MAJORQUE. —		TÉVÉRINO. — Leone-Leoni.	1 —
Spiridion	1 —	THÉATRE COMPLET	4 —
L'HOMME DE NEIGE	3 —	THÉATRE DE NOHANT	1 —
HORACE	1 —	LA TOUR DE PERCEMONT. —	
IMPRESSIONS ET SOUVENIRS	1 —	Marianne	1 —
INDIANA	1 —	L'USCOQUE	1 —
ISIDORA	1 —	VALENTINE	1 —
JACQUES	1 —	VALVÈDRE	1 —
JEAN DE LA ROCHE	1 —	LA VILLE NOIRE	1 —
JEAN ZISKA. — Gabriel	1 —		

Emile Colin. — Imprimerie de Lagny.

LÉGENDES RUSTIQUES

— FANCHETTE —

PAR

GEORGE SAND

PARIS
CALMANN LÉVY, ÉDITEUR
ANCIENNE MAISON MICHEL LÉVY FRÈRES
3, RUE AUBER, 3

1888

Droits de reproduction et de traduction réservés

A MAURICE SAND

Mon cher fils,

Tu as recueilli diverses traditions, chansons et légendes, que tu as bien fait, selon moi, d'illustrer ; car ces choses se perdent à mesure que le paysan s'éclaire, et il est bon de sauver de l'oubli qui marche vite, quelques versions de ce grand poëme du *merveilleux*, dont l'humanité s'est nourrie si longtemps et dont les gens de campagne sont aujourd'hui, à leur insu, les derniers bardes.

Je veux donc t'aider à rassembler quelques fragments épars de ces légendes rustiques, dont le fond se retrouve à peu près dans toute la France, mais auxquelles chaque localité a donné sa couleur particulière et le cachet de sa fantaisie.

GEORGE SAND.

AVANT-PROPOS

Il faudrait trouver un nom à ce poëme sans nom de la *fabulosité* ou *merveillosité* universelle, dont les origines remontent à l'apparition de l'homme sur la terre, et dont les versions, multipliées à l'infini, sont l'expression de l'imagination poétique de tous les temps et de tous les peuples.

Le chapitre des légendes rustiques sur les esprits et les visions de la nuit serait, à lui seul, un ouvrage immense. En quel coin de la terre pourrait-on se réfugier pour trouver l'imagination populaire (qui n'est jamais qu'une forme effacée ou altérée de quelque souvenir collectif) à l'abri de ces noires apparitions d'esprits malfaisants qui chassent devant eux les larves éplorées d'innombrables victimes? Là où règne la paix, — la guerre, la peste ou le désespoir ont passé, terribles, à une époque quelconque de l'histoire des hommes. Le blé qui pousse a le pied dans la chair humaine dont la poussière a engraissé nos sillons. Tout est ruine, sang et débris sous nos pas, et le monde fantastique qui enflamme ou stupéfie la cervelle du paysan est une histoire inédite des temps passés. Quand on veut remonter à la cause première des formes de sa fiction, on la trouve dans quelque récit tronqué et défiguré, où rarement on peut découvrir un fait avéré et consacré par l'histoire officielle.

Le paysan est donc, si l'on peut ainsi dire, le seul historien qui nous reste des temps antéhistoriques. Honneur et profit intellectuel à qui se consacrerait à la recherche de ces traditions merveilleuses de chaque hameau, qui, rassemblées ou groupées, comparées entre elles et minutieusement disséquées, jetteraient peut-être de grandes lueurs sur la nuit profonde des âges primitifs.

Mais ceci serait l'ouvrage et le voyage de toute une vie, rien que pour explorer la France. Le paysan se souvient encore des récits de son aïeule, mais le faire parler devient chaque jour plus difficile. Il sait que celui qui l'interroge ne croit plus, et il commence à sentir une sorte de fierté, à coup sûr estimable, qui se refuse à servir de jouet à la curiosité.

D'ailleurs, on ne saurait trop avertir les faiseurs de recherches que les versions d'une même légende sont innombrables, et que chaque clocher, chaque famille, chaque chaumière a la sienne. C'est le propre de la littérature orale que cette diversité. La poésie rustique, comme la musique rustique, compte autant d'arrangeurs que d'individus.

J'aime trop le merveilleux pour être autre chose qu'un ignorant de profession. D'ailleurs, je ne dois pas oublier que j'écris le texte d'un album consacré à un choix de légendes recueillies sur place, et je m'efforcerai de rassembler, parmi mes souvenirs du jeune âge, quelques-uns des récits qui complètent la définition de certains types fantastiques communs à toute la France. C'est dans un coin du Berry, où j'ai passé ma vie, que je serai forcée de localiser mes légendes, puisque c'est là, et non ailleurs, que je les ai trouvées. Elles n'ont pas la grande poésie des chants bretons, où le génie et la foi de la vieille Gaule ont laissé des empreintes plus nettes que partout ailleurs. Chez nous, ces réminiscences sont plus vagues ou plus voilées. Le merveilleux de nos provinces centrales a plus d'analogie avec celui de la Normandie, dont une femme érudite, patiente et consciencieuse a tracé un tableau complet[1].

Cependant l'esprit gaulois a légué à toutes nos traditions rustiques de grands traits et une couleur qui se rencontrent dans toute la France, un mélange de terreur et d'ironie, une bizarrerie d'invention extraordinaire, jointe à un symbolisme naïf qui atteste le besoin du *vrai* moral au sein de la fantaisie délirante.

Le Berry, couvert d'antiques débris des âges mystérieux, de tombelles, de dolmens, de menhirs et de *mardelles*[2], semble avoir conservé, dans ses légendes, des souvenirs antérieurs au culte des druides : peut-être celui des dieux kabyres, que nos antiquaires placent avant l'apparition des Kymris sur notre sol. Les sacrifices de victimes humaines semblent planer,

---

[1]. *La Normandie romanesque et merveilleuse*, par mademoiselle Amélie Bosquet.

[2]. Voyez pour ces mystérieux vestiges l'*Histoire du Berry*, par M. Raynal.

comme une horrible réminiscence, dans certaines visions. Les cadavres ambulants, les fantômes mutilés, les hommes sans tête, les bras ou les jambes sans corps, peuplent nos landes et nos vieux chemins abandonnés.

Puis viennent les superstitions plus arrangées du moyen âge, encore hideuses, mais tournant volontiers au burlesque; les animaux impossibles dont les grimaçantes figures se tordent dans la sculpture romane ou gothique des églises, ont continué d'errer vivantes et hurlantes autour des cimetières ou le long des ruines. Les âmes des morts frappent à la porte des maisons. Le sabbat des vices personnifiés, des diablotins étranges, passe, en sifflant, dans la nuée d'orage. Tout le passé se ranime, tous les êtres que la mort a dissous, les animaux mêmes, retrouvent la voix, le mouvement et l'apparence; les meubles, façonnés par l'homme et détruits violemment, se redressent et grincent sur leurs pieds vermoulus. Les pierres mêmes se lèvent et parlent au passant effrayé ; les oiseaux de nuit lui chantent, d'une voix affreuse, l'heure de la mort qui toujours fauche et toujours passe, mais qui ne semble jamais définitive sur la face de la terre, grâce à cette croyance en vertu de laquelle tout être et toute chose protestent contre le néant, et, réfugiés dans la région du merveilleux, illuminent la nuit de sinistres clartés ou peuplent la solitude de figures flottantes et de paroles mystérieuses[1].

---

1. Quiconque voudra faire un travail sérieux et savant sur le centre de la Gaule, devra consulter les excellents travaux de M. Raynal, l'historien du Berry, le texte des *Esquisses pittoresques* de MM. de la Tremblays et de la Villegille, les recherches de M. Laisnel de la Salle sur quelques locutions curieuses, etc. — Voir plus loin. page 159.

I

LES PIERRES SOTTES

ou

PIERRES CAILLASSES

> Quand nous vînmes à passer au long des pierres, dit Germain, il était environ la mi-nuit. Tout d'un coup, voilà qu'elles nous regardent *avec des yeux*. Jamais, de jour, nous n'avions vu ça, et pourtant, nous avions passé là plus de cent fois. Nous en avons eu la fièvre de peur, plus de trois mois encore après la moisson.
>
> MAURICE SAND.

Au beau milieu des plaines calcaires de la vallée Noire, on voit se creuser brusquement une zone jonchée de magnifiques blocs de granit. Sont-ils de ceux que l'on doit appeler *erratiques*, à cause de leur apparition fortuite dans des régions où ils n'ont pu être amenés que par les eaux diluviennes des âges primitifs? se sont-ils, au contraire, formés dans les terrains où on les trouve accumulés? Cette dernière hypothèse semble être démentie par leur forme; ils sont presque tous arrondis, du moins sur une de leurs faces, et ils présentent l'aspect de gigantesques galets roulés par les flots.

Il n'y a pourtant là maintenant que de charmants petits ruisseaux, pressés et tordus en méandres infinis par la masse de ces blocs; ces riantes et fuyardes petites naïades murmurent, à demi-voix et par bizarres intervalles, des phrases mystérieuses dans une langue inconnue. Ailleurs, les eaux rugissent, chantent ou gazouillent. Là, elles parlent, mais si discrètement, que l'oreille attentive des sylvains peut seule les comprendre. Dans les creux où leurs minces filets s'amassent, il y a quelquefois des silences; puis, quand la petite cave est remplie, le trop plein s'élance et révèle, en quelques paroles précipitées, je ne sais quel secret que les fleurs et les herbes, agitées par l'air qu'elles refoulent, semblent saisir et saluer au passage.

Plus loin, ces eaux s'engouffrent et se perdent sous les blocs entassés :

> Et, là, profonde,
> Murmure une onde
> Qu'on ne voit pas.

Sur ces roches humides croissent des plantes également étrangères au sol de la contrée. La ményanthe, cette blanche petite hyacinthe frisée et dentelée, dont la feuille est celle du trèfle ; la digitale pourprée, tachetée de noir et de blanc, comme les granits où elle se plaît ; la *rosée du soleil (rosea solis)* ; de charmants saxifrages, et une variété de lierre à petites feuilles, qui trace sur les blocs gris de gracieuses arabesques où l'on croit lire des chiffres mystérieux.

Autour de ce sanctuaire croissent des arbres magnifiques, des hêtres élancés et des châtaigniers monstrueux. C'est dans un de ces bois ondulés et semés de roches libres, comme celles de la forêt de Fontainebleau, que je trouvai, une année, la végétation splendide et l'ombre épaisse au point que le soleil, en plein midi, tamisé par le feuillage, ne faisait plus pénétrer sur les tiges des arbres et sur les terrains moussus que des tons froids semblables à la lumière verdâtre de la lune.

Il n'est pas un coin de la France où les grosses pierres ne frappent vivement l'imagination du paysan, et, quand de certaines légendes s'y attachent, vous pouvez être certain, quelle que soit l'hésitation des antiquaires, que le lieu a été consacré par le culte de l'ancienne Gaule.

Il y a aussi des noms qui, en dépit de la corruption amenée par le temps, sont assez significatifs pour détruire les doutes. Dans une certaine localité de la Brenne, on trouve le nom très-bien conservé des *druiders*. Ailleurs, on trouve les *durders*; à Crevant, les *dorderins*. C'est un semis de ces énormes galets granitiques au sommet d'un monticule conique. Le plus élevé est un champignon dressé sur de petits supports. Ce pourrait être un jeu de la nature, mais ce ne serait pas une raison pour que cette pierre n'eût pas été consacrée par les sacrifices. D'ailleurs, elle s'appelle le *grand dor derin*. C'est comme si l'on disait, le grand autel des druides.

Un peu plus loin, sur le revers d'un ravin inculte et envahi par les eaux, s'élèvent les *parelles*. Cela signifie-t-il *pareilles*, *jumelles*, ou le mot vient-il de *patres*, comme celui de *marses* ou *martes* vient de *matres* selon nos antiquaires[1]? Ces *parelles* ou *patrelles* sont deux masses à peu près identiques de volume et

---

[1]. On ne s'accorde pas sur l'étymologie des fameuses pierres jomatres, de Boussac : les uns disent *jo-math*, celte; les autres *jovis matri*, latin.

de hauteur, qui se dressent, comme deux tours, au bord d'une terrasse naturelle d'un assez vaste développement. Leur base repose sur des assises plus petites. J'y ai trouvé une scorie de mâchefer, qui m'a donné beaucoup à penser. Ce lieu est loin de toute habitation et n'a jamais pu en voir asseoir aucune sur ses aspérités aux fonds inondés. Qu'est-ce qu'une scorie de forge venait faire sous les herbes, dans ce désert où ne vont pas même les troupeaux? Il y avait donc eu là un foyer intense, peut-être une habitude de sacrifices?

J'ai parlé de ce lieu parce qu'il est à peu près inconnu. Nos histoires du Berry n'en font mention que pour le nommer et le ranger hypothétiquement et d'une manière vague parmi les monuments celtiques. Il est cependant d'un grand intérêt aux points de vue minéralogique, historique, pittoresque et botanique.

A une demi-lieue de là, on voyait encore, il y a quelques années, le *trou aux Fades* (la *grotte aux Fées*), que le propriétaire d'un champ voisin a jugé à propos d'ensevelir sous les terres, pour se préserver apparemment des malignes influences de ces *martes*. C'était une habitation visiblement taillée dans le roc et composée de deux chambres, séparées par une sorte de cloison à jour. Les paysans croyaient voir, dans un enfoncement arrondi, le four où ces anachorètes faisaient cuire leur pain. Toutefois, cet ermitage n'avait pas été consacré par le séjour de bonnes âmes chrétiennes. Autrement, la dévotion s'en fût emparée comme partout ailleurs, pour y établir des pèlerinages et y poser, tout au moins, une image bénite. Loin de là ; c'était un *mauvais endroit*, où l'on se gardait bien de passer. Aucun sentier n'était tracé dans les ronces ; les paysans vous disaient que les fades étaient des *femmes sauvages* de l'ancien temps, et qu'elles faisaient manger les enfants par des louves blanches.

Pourquoi l'antique renommée des prêtresses gauloises est-elle, selon les localités, tantôt funeste, et tantôt bénigne? On sait qu'il y a eu différents cultes successivement vainqueurs les uns des autres, avant et l'on dit même depuis l'occupation romaine. Là où les antiques prêtresses sont restées des génies tutélaires, on peut être bien sûr que la croyance était sublime; là où elles ne sont plus que des goules féroces, le culte a dû être sanguinaire. Les *martes*, que nous avons nommées à propos des *fades*, sont des esprits mâles et femelles. Dans les rochers où se précipite le torrent de la *Porte-Feuille*, près de Saint-Benoît-du-Sault, elles apparaissent sous les deux formes, et, à quelque sexe qu'elles appartiennent, elles sont également redoutables. Mâles, elles sont encore occupées à relever les dolmens et menhirs épars sur les collines environnantes; femelles, elles courent, les cheveux flottants jusqu'aux talons, les seins pendants jusqu'à terre, après les laboureurs qui refusent d'aider à leurs travaux mystérieux. Elles les frappent et les torturent jusqu'à leur faire abandonner en plein jour la charrue et l'attelage. Une cascade très-pittoresque au milieu de rochers d'une forme bizarre s'appelle *l'aire aux Martes*[1]. Quand les eaux sont basses, on voit les ustensiles de pierre qui servent à leur cuisine. Leurs *hommes* mettent la table, c'est-à-dire la pierre du dolmen sur ses assises. Quant à elles, elles essaient follement, vains et fantasques esprits qu'elles sont, d'allumer du feu dans la cascade de Montgarnaud et d'y faire bouillir leur marmite de granit. Furieuses d'échouer sans cesse, elles font retentir les échos de cris et d'imprécations. N'est-ce pas là l'histoire figurée d'un culte renversé, qui a fait de vains efforts pour se relever ?

1. Près d'Aigurande, une pierre levée s'appelle la pierre à la Marte. Elle est très-redoutée.

Dans la plaine de notre *Fromental*, rien n'est resté de ces traditions symboliques. Seulement quelques pierres isolées, dans la région intermédiaire du calcaire au granit, sont regardées de travers par les passants attardés. Ces pierres prennent figure et font des grimaces plus ou moins menaçantes, selon que les regards curieux des profanes leur déplaisent plus ou moins. On dit qu'elles parleraient bien si elles pouvaient, et que même les *sorciers fins*, c'est-à-dire très-savants, peuvent les forcer à dire *bonsoir*. Mais elles sont si têtues et si bornées, qu'on n'a jamais pu leur en apprendre davantage. Quelquefois, on passe auprès d'elles sans les voir: c'est qu'en réalité, dit-on, elles n'y sont plus. Elles ont été faire un tour de promenade, et il faut vite s'éloigner le plus possible du chemin qu'elles doivent prendre pour revenir à leur place accoutumée. On ne dit pas si, comme les peulvans bretons, elles vont boire à quelque eau du voisinage. Tant il y a qu'elles sont aussi bêtes que méchantes, car elles se trompent quelquefois de gîte, et des gens qui les ont vues un soir couchées sur une lande aride les revoient le lendemain, à la même heure, debout dans un champ ensemencé. Elles y font du dommage et crèvent brutalement les clôtures. Mais le plus prudent est de ne pas avertir le propriétaire ; car, outre qu'il lui serait bien impossible d'enlever ces masses inertes, « quand même il y mettrait douze paires de bœufs », il se pourrait bien qu'elles prissent fantaisie de l'écraser. D'ailleurs, elles sont condamnées à retourner dans leur endroit ; si elles n'ont pas assez de mémoire pour le retrouver tout de suite, c'est tant pis pour elles : elles erreront un an, s'il le faut, en courant *sur leur tranche*, ce qui les fatigue beaucoup, et il leur est défendu de se reposer autrement que debout, tant qu'elles n'ont pas regagné le lieu où elles ont permission de se coucher.

Nous avons vu quelquefois de ces pierres

appelées *pierres caillasses* ou *pierres sottes*. Ce sont de vraies pierres de calcaire caverneux, dont les trous nombreux et irréguliers donnent facilement l'idée de figures monstrueuses. Quand les inspecteurs des routes les rencontrent à leur portée, ils les font briser, et *elles n'ont que ce qu'elles méritent.*

Nous le voulons bien, quoique ces pauvres pierres ne nous aient jamais fait de mal. Cependant, on assure que, si on ne se dépêche de les briser et de les employer, elles quittent le bord du chemin où on les a rangées et se mettent, de nuit, tout en travers du passage, pour faire abattre les chevaux et verser les voitures.

Moralité : le voiturier ne doit pas se coucher et s'endormir sur sa charrette.

Quant à vous, esprits forts, qui demandez pourquoi cette grosse pierre se trouve dans telle haie ou sur le bord de tel fossé, si l'on vous répond d'un air mystérieux : *Oh! elle n'est pas pour rester là !* sachez ce que parler veut dire, et ne vous amusez pas à la regarder : vous pourriez la mettre de mauvaise humeur contre vous et la retrouver, le lendemain, dans votre jardin, tout au beau milieu de vos cloches à melon ou de vos plates-bandes de fleurs.

II

LES DEMOISELLES

> J'en viyons[1] une, j'en viyons deux,
> Qui n'avaient ni bouches ni z'yeux
> J'en viyons trois, j'en viyons quatre,
> Je les ârions bien voulu battre.
> J'en viyons cinq, j'en viyons six
> Qui n'aviant pas les reins bourdis[2]
> Darrier s'en venait la septième,
> J'avons jamais vu la huitième.
>
> Ancien couplet recueilli par MAURICE SAND.

Les *demoiselles* du Berry nous paraissent cousines des *milloraines* de Normandie, que l'auteur de *la Normandie merveilleuse* décrit comme des êtres d'une taille gigantesque. Elles se tiennent immobiles, et leur forme, trop peu

---

1. Nous en vîmes.
2. Fatigués à force de sauter.

distincte, ne laisse reconnaître ni leurs membres ni leur visage. Lorsqu'on s'approche, elles prennent la fuite par une succession de bonds irréguliers très-rapides.

Les *demoiselles* ou *filles blanches* sont de tous les pays. Je ne les crois pas d'origine gauloise, mais plutôt française du moyen âge. Quoi qu'il en soit, je rapporterai une des légendes les plus complètes que j'aie pu recueillir sur leur compte.

Un gentilhomme du Berry, nommé Jean de la Selle, vivait, au siècle dernier, dans son castel situé au fond des bois de Villemort. Le pays, triste et sauvage, s'égaye un peu à la lisière des forêts, là où le terrain sec, plat et planté de chênes, s'abaisse vers des prairies que noient une suite de petits étangs assez mal entretenus aujourd'hui.

Déjà, au temps dont nous parlons, les eaux séjournaient dans les prés de M. de la Selle, le bon gentilhomme n'ayant pas grand bien pour faire assainir ses terres. Il en avait une assez grande étendue, mais de chétive qualité et de petit rapport.

Néanmoins, il vivait content, grâce à ses goûts modestes et à un caractère sage et enjoué. Ses voisins le recherchaient pour sa bonne humeur, son grand sens et sa patience à la chasse. Les paysans de son domaine et des environs le tenaient pour un homme d'une bonté extraordinaire et d'une rare délicatesse. On disait de lui que plutôt que de faire tort d'un fétu à un voisin, quel qu'il fût, il se laisserait prendre sa chemise sur le corps et son cheval entre les jambes.

Or, il advint qu'un soir, M. de la Selle, ayant été à la foire de la Berthenoux pour vendre une paire de bœufs, revenait par la lisière du bois, escorté de son métayer, le grand Luneau, qui était un homme fin et entendu, et portant, sur la croupe maigre de sa jument grise, la somme de six cents livres en grands écus plats à l'effigie de Louis XIV. C'était le prix des bestiaux vendus.

En bon seigneur de campagne qu'il était, M. de la Selle avait dîné sous la ramée, et, comme il n'aimait point à boire seul, il avait fait asseoir devant lui le grand Luneau et lui avait versé le vin du cru sans s'épargner lui-même, afin de le mettre à l'aise en lui donnant l'exemple. Si bien que le vin, la chaleur et la fatigue de la journée, et, par dessus tout cela, le trot cadencé de la grise avaient endormi M. de la Selle, et qu'il arriva chez lui sans trop savoir le temps qu'il avait marché ni le chemin qu'il avait suivi. C'était l'affaire de Luneau de le conduire, et Luneau l'avait bien conduit, car ils arrivaient sains et saufs ; leurs chevaux n'avaient pas un poil mouillé. Ivre, M. de la Selle ne l'était point. De sa vie, on ne l'avait vu hors de sens. Aussi, dès qu'il se fut débotté, il dit à son valet de porter sa valise dans sa chambre, puis il s'entretint fort raisonnablement avec le grand Luneau, lui donna le bonsoir et s'alla coucher sans chercher son lit. Mais, le lendemain, lorsqu'il ouvrit sa valise pour y prendre son argent, il n'y trouva que de gros cailloux, et, après de vaines recherches, force lui fut de constater qu'il avait été volé.

Le grand Luneau, appelé et consulté, jura *sur son chrême et son baptême,* qu'il avait vu l'argent bien compté dans la valise, laquelle il avait chargée et attachée lui-même sur la croupe de la jument. Il jura aussi sur *sa foi et sa loi,* qu'il n'avait pas quitté son maître *de l'épaisseur d'un cheval,* tant qu'ils avaient suivi la grand'route. Mais il confessa qu'une fois entré dans le bois, il s'était senti un peu lourd, et qu'il avait bien pu dormir sur sa bête environ l'espace d'un quart d'heure. Il s'était vu tout d'un coup auprès de la *Gâgne-aux-Demoiselles,* et, depuis ce moment, il n'avait plus dormi et n'avait pas rencontré figure de chrétien.

— Allons, dit M. de la Selle, quelque voleur se sera moqué de nous. C'est ma faute encore plus que la tienne, mon pauvre Luneau, et le plus sage est de ne point nous en vanter. Le dommage n'est que pour moi, puisque tu ne partages point dans la vente du bétail. J'en saurai prendre mon parti, encore que la chose me gêne un peu. Cela m'apprendra à ne plus m'endormir à cheval.

Luneau voulut en vain porter ses soupçons sur quelques braconniers besoigneux de l'endroit.

— Non pas, non pas, répondit le brave hobereau; je ne veux accuser personne. Tous les gens du voisinage sont d'honnêtes gens. N'en parlons plus. J'ai ce que je mérite.

— Mais peut-être bien que vous m'en voulez un peu, notre maître...

— Pour avoir dormi? Non, mon ami; si je t'eusse confié la valise, je suis sûr que tu te serais tenu éveillé. Je ne m'en prends qu'à moi, et, ma foi, je ne compte pas m'en punir par trop de chagrin. C'est assez d'avoir perdu l'argent, sauvons la bonne humeur et l'appétit.

— Si vous m'en croyez, pourtant, notre maître, vous feriez fouiller la *Gâgne-aux-Demoiselles.*

— La *Gâgne-aux-Demoiselles* est une fosse herbue qui a bien un demi-quart de lieue de long ; ce ne serait pas une petite affaire de remuer toute cette vase, et, d'ailleurs, qu'y trouverait-on ? Mon voleur n'aura pas été si sot que d'y semer mes écus !

— Vous direz ce que vous voudrez, notre maître, mais le voleur n'est peut-être pas fait comme vous pensez !

— Ah ! ah ! mon grand Luneau ! toi aussi tu crois que les *demoiselles* sont des esprits malins qui se plaisent à jouer de mauvais tours ?

— Je n'en sais rien, notre maître, mais je sais bien qu'étant là un matin, *devant jour,* avec mon père, nous les vîmes comme je vous vois; mêmement que, rentrant à la maison bien épeurés, nous n'avions plus ni chapeaux ni bonnets sur nos têtes, ni chaussures à nos pieds, ni couteaux dans nos poches. Elles sont malignes, allez! elles ont l'air de se sauver, mais, sans vous toucher, elles vous font perdre tout ce qu'elles peuvent et en profitent, car on ne le retrouve jamais. Si j'étais de vous, je ferais assécher tout ce marécage. Votre pré en vaudrait mieux et les *demoiselles* auraient bientôt délogé; car il est à la connaissance de tout homme de bon sens qu'elles n'aiment point le sec et qu'elles s'envolent de mare en mare et d'étang en étang, à mesure qu'on leur ôte le brouillard dont elles se nourrissent.

— Mon ami Luneau, répondit M. de la Selle, dessécher le marécage serait, à coup sûr, une bonne affaire pour le pré. Mais, outre qu'il y faudrait les six cents livres que j'ai perdues, j'y regarderais encore à deux fois avant de déloger les *demoiselles*. Ce n'est pas que j'y croie précisément, ne les ayant jamais vues, non plus qu'aucun autre farfadet de même étoffe ; mais mon père y croyait un peu, et ma grand'mère y croyait tout à fait. Quand on en parlait, mon père disait : « Laissez les *demoiselles* tranquilles ; elles n'ont jamais fait de mal à moi ni à personne ; » et ma grand'mère disait : « Ne tourmentez et ne conjurez jamais les *demoiselles;* leur présence est un bien dans une terre, et leur protection est un porte-bonheur dans une famille. »

— Pas moins, reprit le grand Luneau en hochant la tête, elles ne vous ont point garé des voleurs !

Environ dix ans après cette aventure, M. de la Selle revenait de la même foire de la Berthenoux, rapportant sur la même jument grise, devenue bien vieille, mais trottant encore sans broncher, une somme équivalente à celle qui lui avait été si singulièrement dérobée. Cette fois, il était seul, le grand Luneau étant mort depuis quelques mois ; et notre gentilhomme ne dormait pas à cheval, ayant abjuré et définitivement perdu cette fâcheuse habitude.

Lorsqu'il fut à la lisière du bois, le long de la *Gâgne-aux-Demoiselles,* qui est située au bas d'un talus assez élevé et tout couvert de buissons, de vieux arbres et de grandes herbes sauvages, M. de la Selle fut pris de tristesse en se rappelant son pauvre métayer, qui lui faisait bien faute, quoique son fils Jacques, grand et mince comme lui, comme lui fin et avisé, parût faire son possible pour le remplacer. Mais on ne remplace pas les vieux amis, et M. de la Selle se faisait vieux lui-même. Il eut des idées noires ; mais sa bonne conscience les eut bientôt dissipées, et il se mit à siffler un air de chasse, en se disant que, de sa vie et de sa mort, il en serait ce que Dieu voudrait.

Comme il était à peu près au milieu de la longueur du marécage, il fut surpris de voir une forme blanche, que jusque-là il avait prise pour un flocon de ces vapeurs dont se couvrent les eaux dormantes, changer de place, puis bondir et s'envoler en se déchirant à travers les branches. Une seconde forme plus solide sortit des joncs et suivit la première en s'allongeant comme une toile flottante; puis une troisième, puis une autre et encore une autre; et, à mesure qu'elles passaient devant M. de la Selle, elles devenaient si visiblement des personnages énormes, vêtus de longues jupes, pâles, avec des cheveux blanchâtres traînant plutôt que voltigeant derrière elles, qu'il ne put s'ôter de l'esprit que c'étaient là les fantômes dont on lui avait parlé dans son enfance. Alors, oubliant que sa grand'mère lui avait recommandé, s'il les rencontrait jamais, de faire comme s'il ne les voyait pas, il se mit à les saluer, en homme bien appris qu'il était. Il les salua toutes, et, quand ce vint à la septième, qui était la plus grande et la plus apparente, il ne put s'empêcher de lui dire :

— Demoiselle, je suis votre serviteur.

Il n'eut pas plutôt lâché cette parole, que la grande demoiselle se trouva en croupe derrière lui, l'enlaçant de deux bras froids comme l'aube, et que la vieille grise, épouvantée, prit le galop, emportant M. de la Selle à travers le marécage.

Bien que fort surpris, le bon gentilhomme ne perdit point la tête.

— Par l'âme de mon père, pensa-t-il, je n'ai jamais fait de mal, et nul esprit ne peut m'en faire.

Il soutint sa monture et la força de se dépétrer de la boue où elle se débattait, tandis que la *grand'demoiselle* paraissait essayer de la retenir et de l'envaser.

M. de la Selle avait des pistolets dans ses fontes, et l'idée lui vint de s'en servir ; mais, jugeant qu'il avait affaire à un être surnaturel, et se rappelant d'ailleurs que ses parents lui avaient recommandé de ne point offenser les *demoiselles de l'eau*, il se contenta de dire avec douceur à celle-ci :

— Vraiment, belle dame, vous devriez me laisser passer mon chemin, car je n'ai point traversé le vôtre pour vous contrarier, et, si je vous ai saluée, c'est par politesse et non par dérision. Si vous souhaitez des prières ou des messes, faites connaître votre désir, et, foi de gentilhomme, vous en aurez!

Alors, M. de la Selle entendit au-dessus de sa tête une voix étrange qui disait :

— Fais dire trois messes pour l'âme du grand Luneau, et va en paix!

Aussitôt la figure du fantôme s'évanouit, la grise redevint docile, et M. de la Selle rentra chez lui sans obstacle.

Il pensa alors qu'il avait eu une vision ; il n'en commanda pas moins les trois messes. Mais quelle fut sa surprise lorsqu'en ouvrant sa valise, il y trouva, outre l'argent qu'il avait reçu à la foire, les six cents livres tournois en écus plats, à l'effigie du feu roi !

On voulut bien dire que le grand Luneau, repentant à l'heure de la mort, avait chargé son fils Jacques de cette restitution, et que celui-ci, pour ne pas entacher la mémoire de son père, en avait chargé les *demoiselles*... M. de la Selle ne permit jamais un mot contre la probité du défunt, et, quand on parlait de ces choses sans respect en sa présence, il avait coutume de dire :

— L'homme ne peut pas tout expliquer. Peut-être vaut-il mieux pour lui être sans reproche que sans croyance.

III

LES LAVEUSES DE NUIT

OU

LAVANDIÈRES

> A la pleine lune, on voit, dans le chemin de la *Font-de-Fonts* (Fontaine des Fontaines), d'étranges laveuses; ce sont les spectres des mauvaises mères qui ont été condamnées à laver, jusqu'au jugement dernier, les langes et les cadavres de leurs victimes.
> MAURICE SAND.

Voici, selon nous, la plus sinistre des visions de la peur. C'est aussi la plus répandue ; je crois qu'on la retrouve en tous pays.

Autour des mares stagnantes et des sources limpides, dans les bruyères comme au bord des fontaines ombragées dans les chemins creux, sous les vieux saules comme dans la plaine brûlée du soleil, on entend, durant la nuit, le battoir précipité et le clapotement furieux des lavandières fantastiques. Dans certaines provinces, on croit qu'elles évoquent la pluie et attirent l'orage en faisant voler jusqu'aux nues, avec leur battoir agile, l'eau des sources et des marécages. Il y a ici confusion. L'évocation des tempêtes est le monopole des sorciers connus sous le nom de *meneux de nuées*. Les véritables lavandières sont les âmes des mères infanticides. Elles battent et tordent incessamment quelque objet qui ressemble à du linge mouillé, mais qui, vu de près, n'est qu'un cadavre d'enfant. Chacune a le sien ou les siens, si elle a été plusieurs fois criminelle. Il faut se bien garder de les observer ou de les déranger ; car, eussiez-vous six pieds de haut et des muscles en proportion, elles vous saisiraient, vous battraient dans l'eau et vous tordraient ni plus ni moins qu'une paire de bas.

Nous avons entendu souvent le battoir des laveuses de nuit résonner dans le silence autour des mares désertes. C'est à s'y tromper. C'est une espèce de grenouille qui produit ce bruit formidable. Mais c'est bien triste d'avoir fait cette puérile découverte et de ne plus pouvoir espérer l'apparition des terribles sorcières, tordant leurs haillons immondes, dans la brume des nuits de novembre, à la pâle clarté d'un croissant blafard reflété par les eaux.

Cependant, j'ai eu l'émotion d'un récit sincère et assez effrayant sur ce sujet.

Un mien ami, homme de plus d'esprit que de sens, je dois l'avouer, et pourtant d'un esprit éclairé et cultivé, mais, je dois encore l'avouer, enclin à laisser sa raison *dans les pots*, très-brave en face des choses réelles, mais facile à impressionner et nourri, dès l'enfance, des légendes du pays, fit deux rencontres de lavandières qu'il ne racontait qu'avec répugnance et avec une expression de visage qui faisait passer un frisson dans son auditoire.

Un soir, vers onze heures, dans une *traîne* charmante qui court en serpentant et en bondissant, pour ainsi dire, sur le flanc ondulé du ravin d'Urmont, il vit, au bord d'une source, une vieille qui lavait et tordait en silence.

Quoique cette jolie fontaine soit mal famée, il ne vit rien là de surnaturel et dit à cette vieille :

— Vous lavez bien tard, la mère!

Elle ne répondit point. Il la crut sourde et approcha. La lune était brillante et la source éclairait comme un miroir. Il vit alors distinctement les traits de la vieille : elle lui était complétement inconnue, et il en fut étonné, parce que, avec sa vie de cultivateur, de chasseur et de flâneur dans la campagne, il n'y avait pas pour lui de visage inconnu, à plusieurs lieues à la ronde. Voici comme il me raconta lui-même ses impressions en face de cette laveuse singulièrement attardée :

— Je ne pensai à la légende que lorsque j'eus perdu de vue cette femme. Je n'y pensais pas avant de la rencontrer. Je n'y croyais pas et je n'éprouvais aucune méfiance en l'abordant. Mais, dès que je fus auprès d'elle, son silence, son indifférence à l'approche d'un passant, lui donnèrent l'aspect d'un être absolument étranger à notre espèce. Si la vieillesse la privait de l'ouïe et de la vue, comment était-elle venue de loin toute seule laver, à cette heure insolite, à cette source glacée où elle travaillait avec tant de force et d'activité? Cela était au moins digne de remarque; mais ce qui m'étonna encore plus, c'est ce que j'éprouvai en moi-même. Je n'eus aucun sentiment de peur, mais une répugnance, un dégoût invincibles. Je passai mon chemin sans qu'elle détournât la tête. Ce ne fut qu'en arrivant chez moi que je pensai aux sorcières des lavoirs, et alors j'eus très-peur, j'en conviens franchement, et rien au monde ne m'eût décidé à revenir sur mes pas.

Une autre fois, le même ami passait auprès des étangs de Thevet, vers deux heures du matin. Il venait de Linières, où il assure qu'il n'avait ni mangé ni bu, circonstance que je ne saurais garantir. Il était seul, en cabriolet, suivi de son chien. Son cheval étant fatigué, il mit pied à terre à une montée, et se trouva au bord de la route, près d'un fossé où trois femmes lavaient, battaient et tordaient avec une grande vigueur, sans rien dire. Son chien se serra tout à coup contre lui sans aboyer. Il passa lui-même sans trop regarder. Mais à peine eut-il fait quelques pas, qu'il entendit marcher derrière lui, et que la lune dessina à ses pieds une ombre très-allongée. Il se retourna et vit une de ces femmes qui le suivait. Les deux autres venaient à quelque distance comme pour appuyer la première.

— Cette fois, dit-il, je pensai bien aux lavandières maudites, mais j'eus une autre émotion que la première fois. Ces femmes étaient d'une taille si élevée, et celle qui me suivait de près avait tellement les proportions, la figure et la démarche d'un homme, que je ne doutai pas un instant d'avoir affaire à de mauvais plaisants de village, mal intentionnés peut-être. J'avais une bonne trique à la main, je me retournai en disant :

» — Que me voulez-vous?

» Je ne reçus point de réponse, et, ne me voyant pas attaqué, n'ayant pas de prétexte pour attaquer moi-même, je fus forcé de regagner mon cabriolet, qui était assez loin devant moi, avec cet être désagréable sur les talons. Il ne me disait rien et semblait se faire un malin plaisir de me tenir sous le coup d'une provocation. Je tenais toujours mon bâton, prêt à lui casser la mâchoire au moindre attouchement, et j'arrivai ainsi à mon cabriolet, avec mon poltron de chien, qui ne disait mot et qui y sauta avec moi.

» Je me retournai alors, et, quoique j'eusse entendu, jusque-là, des pas sur les miens et vu une ombre marcher à côté de la mienne, je ne vis personne. Seulement je distinguai, à trente pas environ en arrière, à la place où je les avais vues laver, les trois grandes diablesses sautant, dansant et se tordant comme des folles sur le bord du fossé. Leur silence, contrastant avec ces bonds échevelés, les rendait encore plus singulières et pénibles à voir.

Si l'on essayait, après ce récit, d'adresser au narrateur quelque question de détail, ou de lui faire entendre qu'il avait été le jouet d'une hallucination, il secouait la tête et disait :

— Parlons d'autre chose. J'aime autant croire que je ne suis pas fou.

Et ces mots, jetés d'un air triste, imposaient silence à tout le monde.

Il n'est point de mare ou de fontaine qui ne

soit hantée, soit par les lavandières de nuit, soit par d'autres esprits plus ou moins fâcheux. Quelques-uns de ces hôtes sont seulement bizarres. Dans mon enfance, je craignais beaucoup de passer devant un certain fossé où l'on voyait les *pieds blancs*. Les histoires fantastiques qui ne s'expliquent pas sur la nature des êtres qu'elles mettent en scène, et qui restent vagues et incomplètes, sont celles qui frappent le plus l'imagination. Ces pieds blancs marchaient, dit-on, le long du fossé à certaines heures de la nuit : c'étaient des pieds de femme, maigres et nus, avec un bout de robe blanche ou de chemise longue qui flottait et s'agitait sans cesse. Cela marchait vite, et en zigzag, et, si l'on disait : « Je te vois !... Veux-tu te sauver ! » cela courait si vite *qu'on ne savait plus où ça avait passé*. Quand on ne disait rien, cela marchait devant vous ; mais, quelque effort que l'on fît pour voir plus haut que la cheville, c'était chose impossible. Ça n'avait ni jambes, ni corps, ni tête, rien que des pieds. Je ne saurais dire ce que ces pieds avaient de terrifiant; mais, pour rien au monde, je n'eusse voulu les voir.

Il y a, en d'autres lieux, des fileuses de nuit dont on entend le rouet dans la chambre que l'on habite et dont on aperçoit quelquefois les mains. Chez nous, j'ai ouï parler d'une *brayeuse* de nuit, qui broyait le chanvre devant la porte de certaines maisons et faisait entendre le bruit régulier de la *braye* d'une manière qui *n'était pas naturelle.* Il fallait la laisser tranquille, et, si elle s'obstinait à revenir plusieurs nuits de suite, mettre une vieille lame de faux en travers de l'instrument dont elle avait coutume de s'emparer pour faire son vacarme : elle s'amusait un moment à vouloir broyer cette lame, puis elle s'en dégoûtait, la jetait en travers de la porte et ne revenait plus.

Il y avait encore la *peillerouse* de nuit, qui se tenait sous la *guenillière* de l'église. *Peille* est un vieux mot français qui signifie haillon ; c'est pourquoi le porche de l'église, où se tiennent, pendant les offices, les mendiants porteurs de peilles, s'appelle d'un nom analogue.

Cette *peillerouse* accostait les passants et leur demandait l'aumône. Il fallait se bien garder de lui rien donner ; autrement, elle devenait grande et forte, de cacochyme qu'elle vous avait semblé, et elle vous rouait de coups. Un nommé Simon Richard, qui demeurait dans l'ancienne cure et qui soupçonnait quelque espièglerie des filles du bourg à son intention particulière, voulut batifoler avec elle. Il fut laissé pour mort. Je le vis sur le flanc, le lendemain, très-rossé et très-égratigné, en effet. Il jurait n'avoir eu affaire qu'à une petite vieille « qui paraissait cent ans, mais qui avait la poigne comme trois hommes et demi ».

On voulut en vain lui faire supposer qu'il avait eu affaire à un *gars* plus fort que lui, qui, sous un déguisement, s'était vengé de quelque mauvais tour de sa façon. Il était fort et hardi, même querelleur et vindicatif. Pourtant, il quitta la paroisse une fois qu'il fut debout et n'y revint jamais, disant qu'il ne craignait ni homme ni femme, mais bien les gens qui ne sont pas de ce monde et qui n'ont pas le corps fait *en chrétiens.*

IV

LA GRAND'BÊTE

> Les enfants du père Germain revenaient chargés de fagots qu'ils avaient dérobés. Au sortir des tailles de Champeaux, ils entendirent tous les oiseaux du bois crier à la fois, et virent une bête *qui était faite tout comme un veau, tout comme un lièvre aussi.* C'était la grand'bête.
>
> MAURICE SAND.

Sous les noms de *bigorne*, de *chien blanc*, de *bête havette*, de *vache au diable*, de *piterne*, de *taranne*, etc., etc., un animal fabuleux se promène, de temps immémorial, dans les campagnes, et pénètre même dans les habitations, on ne sait plus dans quel dessein, tant on lui fait bonne guerre pour le repousser, dès que sa présence est signalée dans une localité.

Dans nos provinces du Centre, ce que l'on raconte de la *grand'bête* s'accorde particulièrement avec ce qui est dit de la *taranne* dans les provinces du Nord. C'est le plus souvent une chienne de la taille d'une génisse. Les enfants et les femmes, qui ont l'imagination vive, lui ont bien vu des cornes, des yeux de feu, et l'assemblage hétérogène des formes de divers animaux; mais les gens calmes et clairvoyants ont décidé, en dernier ressort, que c'était une *levrette*, et tant de ces personnes sages l'ont vue, qu'il faut bien adopter cette version comme la plus accréditée.

De toutes les antiques superstitions, celle-ci est la moins effacée. La *grand'bête* a fait sa dernière apparition dans nos environs, il n'y a pas plus de cinq ou six ans, et il n'est pas prouvé qu'elle soit décidée à ne plus reparaître.

Dans mon enfance, j'allais souvent, pour me promener, les soirs d'été, à une métairie appartenant à ma grand'mère et située dans les terres, à une demi-lieue de chez nous. Cette métairie a été longtemps le théâtre des grands *sorcelages* et des apparitions les mieux conditionnées. Je n'oublierai jamais une soirée où l'orage nous avait retenus, mon frère et moi, jusqu'à la *grand'nuit*, c'est-à-dire entre neuf et dix heures du soir. J'avais une dizaine d'années, mon frère avait quinze ans et faisait le brave. Quant à moi, je le confesse, j'avais grand'peur; la bête avait paru la veille, disait-on, autour de la ferme, et *manquablement*, c'est-à-dire infailliblement, elle allait reparaître dès que le jour aurait pris fin.

Je crois toujours voir les apprêts du combat : les hommes s'armant de fourches de fer et de bâtons; le métayer prenant au manteau de la cheminée et chargeant de balles bénites son long fusil à un seul canon; sa vieille mère faisant ranger les enfants au fond de la chambre, entre les deux grands lits de serge jaune, et se mettant elle-même en prière avec ses brus et ses servantes, devant une image coloriée qui représentait je ne sais plus quel général de l'Empire, que l'on prenait là pour un *bon saint,* les colporteurs de cette époque vendant n'importe quoi, comme figures de dévotion, aux paysans.

Et puis on ferma les portes et fenêtres et *on accota les battants;* et, comme les petits enfants criaient, on les gourmanda et on les menaça de les mettre dehors s'ils ne se taisaient. Il fallait écouter l'approche de la bête. Les chiens qu'on laissait dehors ne manqueraient pas de hurler et les bœufs de *bremer* (de mugir) dans l'étable. En fait, les chiens aboyaient et se démenaient déjà à la vue de tous ces préparatifs. Les animaux comprennent très-bien les sentiments intérieurs qui agitent une famille; les voix effrayées, les physionomies troublées, semblent leur révéler la cause du mouvement insolite qui se fait dans la maison.

Les gens de la ferme prétendaient que les animaux se rappelaient très-bien, d'une année à l'autre, l'apparition des années précédentes et qu'ils avaient la révélation instinctive du mal que la bête pouvait leur faire. Aussi ne se jetaient-ils jamais sur elle, et refusaient-ils de la poursuivre. De son côté, il était sans exemple qu'elle les eût mordus. Mais son souffle ou son influence les faisait périr, et jamais elle n'avait visité la métairie sans qu'il se déclarât, à la suite, une mortalité de bestiaux[1].

Il semblait donc que les personnes fussent à l'abri de tout danger, car la bête n'attaque pas et fuit à la moindre hostilité. Mais tout ce qui se présente avec un caractère surnaturel ébranle l'imagination des paysans et des en-

---

1. On verra, plus tard, une certaine analogie entre cette croyance et celle du *chien de Monthulé*.

fants, plus que le danger palpable et réel. Certes, l'attaque d'une bande de loups affamés nous eût moins épouvantés que l'éventualité de la visite de ce fantôme.

Pourtant j'eus comme un regret et une déception quand, au lieu de la bête, arriva notre précepteur, qui, s'inquiétant pour mon frère et moi, de la nuit et de l'orage, venait nous chercher, sans autres armes qu'un parapluie. Il se moqua beaucoup de la bête blanche et des préparatifs du combat. Il nous emmena en riant, et nous n'eûmes plus, hélas! ni peur ni espoir de voir cette fameuse bête, à laquelle nous avions cru pendant une heure.

J'ai à mon service un bon et honnête paysan, de trente-cinq ans environ, c'est-à-dire né sur le déclin de ces croyances dans le pays. Sincère, robuste et courageux, il a été laboureur dans cette métairie de l'Aunière, hantée, de temps immémorial, par tous les diables des légendes rustiques. Je lui demande s'il y a jamais vu quelque chose d'extraordinaire. Il commence par dire que non. Mais, comme il ne sait pas mentir, je vois bien qu'il craint d'être raillé et qu'il lui en coûte de répondre. J'insiste sans affectation, et, peu à peu, il me raconte ce qui va suivre.

— J'ai vu, dit-il, bien des choses dont je n'ai pas été *épeuré*, mais que personne ne peut m'ôter de la mémoire. J'avais une vingtaine d'années quand je fus en moisson pour la première fois à l'Aunière. Nous étions dix-huit à moissonner, et nous soupions dehors, devant à la porte du logis, à cause de la *grand'chaud*. Après souper, nous nous en allions coucher à la paille, quand un de nous s'en retourna *au-devant de la maison*, pour chercher son couteau qu'il avait perdu. Il s'en revint, *toujours criant*, et, étant tous sortis de la grange, tous les dix-huit, et moi comme les autres, avons vu *la levrette* couchée tout au long sur la table où nous avions soupé.

» Sitôt qu'elle nous vit, elle fit un saut de plus de vingt pieds en l'air et se sauva à travers champs. Et nous de la galoper et de la voir courir et sauter tout le long des buissons, où elle disparut tout d'un coup, et où personne ne trouva ni elle ni marque de son corps. Les chiens ne voulurent jamais nous suivre ni seulement *flairer du côté*. Ils ne firent que trembler et hurler dans la cour.

» A présent, ajoute-t-il, si vous me demandez comment la bête était faite, je vous dirai que je ne l'ai vue qu'à la brune et qu'elle m'a paru toute blanche. Vous dire que c'était une levrette, je ne saurais ; mais ça ressemblait à une levrette plus qu'à toute autre bête que j'aie jamais vue, et, pour la grandeur, ça paraissait long, long, avec des jambes fines qui sautaient comme jamais je n'aurais cru qu'une bête pût sauter.

» Ce qu'il y a de bien sûr, c'est que le fermier de l'Aunière, le gros Martinet, perdit tant de *bestiau,* cette année-là, qu'il se mit dans l'idée de devenir *médecin,* afin de les guérir lui-même et de conjurer les sorts qu'on lui faisait, par d'autres sorts plus savants, et il s'en fut consulter le *grand médecin* qu'on appelle le sabotier du Bourg-Dieu, à plus de huit lieues d'ici.

» Quand il parla au sabotier pour la première fois, celui-ci lui dit :

» — Vous me venez querir pour un bœuf malade qui s'appelle *Chauvet,* et vous avez, en votre étable, quatre paires de bœufs de travail dont je vas vous dire tous les noms, tous les âges, toutes les couleurs.

» Qui fut bien étonné ? Ce fut Martinet, qui s'entendit *raconter* et nommer tout ce qu'il avait de bestiaux, encore que jamais le grand sabotier ne fût venu au pays de chez nous.

» — Allez-vous-en à votre logis, *qu'il lui dit,* vous trouverez le bœuf Chauvet debout et sauvé.

Mais, par malheur, son camarade *Racinieux*, que vous avez laissé en bonne santé, sera crevé quand vous rentrerez à la maison.

» — Et ne pouvez-vous l'empêcher? dit Martinet.

» — Non, il est trop tard. La mauvaise bête aura passé chez vous?

» — C'est la vérité : ne pouvez-vous m'enseigner le moyen de purger mon bestiau de *sa mauvaise air?*

» — Voire! fit le sorcier; mais il faudra que j'aille chez vous.

» Ils vinrent à cheval, tous les deux, et comme, dans ce temps-là, j'étais valet à la maison, j'entendis Martinet dire en arrivant :

» — Vous avez donc *encavé* Racinieux, à ce matin?

» — Par malheur, oui, notre maître, que je lui dis; comment donc que vous savez ça?

» — Et Chauvet mange de bon appétit, à cette heure?

» C'était la vérité, tout comme le sabotier l'avait *connaissu*. Le bœuf malade était guéri ; son camarade qui, au départ du maître, ne se sentait de rien, était crevé et encavé.

» Alors, Martinet, voyant le grand talent du sabotier, le retint à la maison huit jours durant, et apprit de lui le *sorcelage*. Ils ne se couchaient point de toute la nuit et s'en allaient dans les champs et sur les chemins, et on entendait des voix qu'on ne connaissait point et un sabbat abominable.

» Et le sabotier nous mena tous de jour dans le pâtural des bœufs et nous fit voir la chose qui leur donnait des maladies. C'était un crapaud que *celui* que l'on avait vu en levrette blanche avait arrangé avec des charmes et des empoisonnements sous une motte de gazon. Et, quand les bœufs passaient à côté, ils commençaient de souffler et de maigrir.

» Alors, Martinet devint grand savant, comme chacun sait. Il eut les plus beaux élèves du pays et fut appelé comme *médecin* dans tout le canton. C'est comme ça et non autrement qu'il a pu vous payer sa ferme et se retirer du grand dommage où *les mauvaises choses l'avaient mis.*

» Seulement, Martinet eut des ennuis de sa femme, qui ne voulait point qu'il se donnât au sorcelage et qui faisait mauvaise mine au grand sabotier. Un jour, il quitta la maison en disant à Martinet :

» — Si l'affaire que nous avons ensemble tourne bien, je vous le ferai assavoir demain matin, de manière que vous comprendrez, vous tout seul.

» Et, de vrai, le lendemain matin, comme nous étions tous à manger la soupe, il se fit un *grand air de vent*, qui donna une bouffée dont la maison trembla, et un coq noir entra dans la chambre et se jeta dans le feu, où il fut tout brûlé en un instant.

» La femme du logis voulait sauver le coq ;

mais Martinet la retint par le bras en lui disant :

» — *N'y touche pas!*

» Et elle en resta toute épeurée.

» De même qu'une autre fois, comme le sabotier était là, et qu'elle venait de tirer ses vaches, son lait devint tout noir et on fut obligé de le jeter. *Dont elle pleura*, maudissant le sabotier. Mais son mari lui dit :

» — Rends-toi à lui, et une autre fois, offre-lui de ton lait, de ton fromage et de tout ce qui est ici.

» Ce qu'elle fit par la suite avec grande crainte et honnêteté.

» Voilà comment la *grand'bête* a été chassée de la métairie, et aussi l'*homme sans tête*, qui se promenait à côté sur le vieux chemin de Verneuil, et la *chasse à baudet*, qui passait si souvent au-dessus de la maison. Seulement, Martinet a eu bien des peines dans son corps pour soumettre toutes ces mauvaises choses. Il a été souvent battu par les follets, et ils lui ont enlevé de la tête et fait perdre plus de dix chapeaux ou bonnets. Et enfin, il a eu le mal d'yeux bien souvent, à cause de la boule de feu qui se mettait devant lui en voyage sur le cou de sa jument. »

V

LES TROIS HOMMES
DE PIERRE

> On prétend que certains individus de cette race stupide, crient aux passants attardés : *Veux-tu des bras ? veux-tu des bras ?* Si on a l'imprudence de leur répondre : *Oui*, ils reprennent : *Donne-nous tes jambes !* Et, comme ils sont charmeurs, on reste là tant qu'il leur plaît. Un malin que la frayeur avait jeté à la renverse eut l'esprit de leur dire : *Prenez mes jambes, si vous voulez; elles sont mortes,* — Ils ne surent point répliquer, et l'homme put se sauver de leur charme.
>
> MAURICE SAND.

Dans la région de l'Indre qui touche à la Creuse, la nature change d'aspect, les vallons s'enfouissent, les plateaux s'élèvent, la végétation prend de l'essor, les eaux se précipitent, les talus profonds se hérissent de rochers. Les traditions et les légendes sont pourtant plus rares dans cette région pittoresque que dans nos plaines ; mais elles sont généralement tristes, et, sauf ce qui se rapporte à Gargantua, je n'ai pas trouvé par là ce fonds d'*humour* berrichonne qui mêle souvent l'ironie aux terreurs du monde fantastique.

J'ai nommé Gargantua, et, à ce propos, je demanderai aux érudits si, avant la publication *du livre* (c'est ainsi, je crois, qu'on disait du temps de Rabelais pour désigner le grand, le seul, le délirant succès littéraire de l'époque), il n'y avait pas, dans les provinces, une légende populaire de Gargantua, dont le grand satirique se serait emparé, comme Gœthe de la légende de Faust, et comme Molière de la légende de la Statue du Commandeur. Cette locution des enthousiastes contemporains de Rabelais, *le livre*, était-elle uniquement une formule d'admiration exclusive? ne signifiait-elle pas aussi une distinction à établir entre le poëme éclatant et la légende obscure? Les ogres remis à la mode par Perrault sont bien les mêmes géants que la chevalerie pourfendait au moyen âge. Gargantua ne serait-il pas de la même famille, et son nom n'aurait-il pas été ramassé par l'auteur de *Pantagruel* parmi d'autres types populaires aujourd'hui oubliés pour n'avoir existé que dans les contes de la veillée, de nos ancêtres?

En Berry, où aucune tradition historique n'est restée dans la mémoire des paysans, sinon à l'état de mythe, on est très-surpris de retrouver une sorte d'histoire locale très-précise de Gargantua tout à fait en dehors du poëme de Rabelais, bien que dans la même couleur. A Montlevic, une petite éminence isolée dans la plaine a été formée par le pied de Gargantua. Fourvoyé dans nos terres argileuses, le géant secoua *son sabot* en ce lieu, et y laissa une colline.

Sur la Creuse, aux limites du Berry, on retrouve Gargantua [1] enjambant le vaste et magnifique ravin où la rivière s'engouffre, entre le clocher du Pin et celui de Ceaulmont, planté sur les bords escarpés de l'abîme. Un bac rempli de moines vint à passer entre les jambes du géant. Il crut voir filer une truite, se baissa, prit l'embarcation entre deux doigts, avala le tout, trouva les moines gros et gras, mais rejeta le bateau en se plaignant de l'arête du poisson.

Ceux qui vous racontent ces choses n'ont certes jamais lu *le livre*, et pas plus qu'eux leurs aïeux n'ont su son existence. Le nom de Rabelais leur est aussi inconnu que ceux de Pantagruel et de Panurge. Le frère Jean des Entomeures, ce type si populaire par sa nature et son langage, n'est pas arrivé davantage à la popularité de fait. Ces personnages sont l'œuvre du poëte; mais je croirais que Gargantua est l'œuvre du peuple et que, comme tous

---

[1]. En Normandie, mademoiselle Amélie Bosquet nous apprend qu'on le retrouve à chaque pas, et même sous le nom peut-être celtique de *Gerguintua*.

les grands créateurs, Rabelais a pris son bien où il l'a trouvé.

Les superstitions des villages et des chaumières de la Creuse, dans le bas Berry, admettent donc les géants, qui, par opposition, tiennent peu de place dans les chroniques du haut pays. Le haut pays est découvert et ondulé; le bas pays, raviné et encaissé, est assis sur la roche qui sert de contre-forts aux escarpements du terrain. Ces roches micaschisteuses, de formes bizarres, prennent volontiers l'aspect de figures gigantesques; mais il s'en faut de beaucoup qu'elles paraissent risibles au pêcheur de mauvaise foi qui va, durant la nuit, lever les nasses de ses confrères. Ce n'est pas le joyeux Gargantua qui lui apparaît : ce sont les *trois hommes de pierre*, que, dans le jour, il appelait les rochers du moine, et qu'il voyait sans frayeur se mirer debout et immobiles sur le bord de l'eau transparente.

Une nuit, Chauvat, du moulin *d'en bas*, les

vit remuer, descendre de leur immense piédestal et se promener sur le rivage en gesticulant; mais quels horribles gestes! quelle marche terrifiante! Ils ne paraissaient avoir ni pieds ni jambes, et pourtant ils allaient plus vite que les eaux de la Creuse, et les cailloux broyés criaient sous leur poids. Il s'enfuit jusqu'à sa maison et s'y barricada de son mieux; mais les hommes de pierre l'avaient suivi, et, comme c'était un mécréant qui ne songea point à se recommander à Dieu, le plus petit de ces colosses appuya son coude sur le pignon de la maison, qui s'écrasa comme une motte de beurre.

Chauvat, épouvanté, se sauva dans sa grange; mais le second des hommes de pierre y posa la main et la fendit en quatre comme si c'eût été une vieille *huguenote* en terre de Bazaiges.

Chauvat eut le temps de se sauver et se réfugia sur la grande écluse qui coupe la rivière en biais d'un bord à l'autre. Là, il se crut sauvé;

mais les trois hommes de pierre prirent ce chemin pour s'en retourner à leur place ordinaire sur l'autre rive, et il se vit forcé de rester là, ou de se jeter dans la rivière qui est très-profonde de chaque côté de l'écluse; car de courir plus vite que les géants n'avançaient, il n'y fallait point songer.

Il se rangea et se fit tout petit, n'osant souffler, couché de son long au ras de la chaussée, espérant que ces méchants blocs ne l'apercevraient point. Le premier passa; puis vint le second, qui passa aussi. Chauvat commençait à respirer. Enfin, vint le troisième, qui était, de beaucoup, le plus grand et le plus lourd, et qui fit mine de passer de même que les autres. Mais la chaussée était glissante et l'homme de pierre glissa.

Par bonheur, Chauvat *se ressouvint enfin de son baptême*, et fit le signe de la croix en demandant l'assistance du ciel. L'homme de pierre trébucha et ne tomba point, sans quoi le pauvre pêcheur eût été écrasé comme une coquille d'œuf.

Les *retournants* sont, dans cette même partie du Berry, des hôtes très-nombreux. Il est peu de maisons qui ne soit hantée par quelque âme en peine. La Creuse, noire et rapide en certains endroits profonds, où elle coule sans obstacle, entraîne et charrie les esprits plaintifs des gens qui ont trouvé la mort dans ses flots. La nuit, on entend des cris déchirants; ce sont les noyés qui se lamentent et demandent des prières. Ailleurs, elle écume et gronde dans les rochers; on entend là les imprécations de ceux qui sont damnés sans rémission.

Le mot de *retournant* est bien l'équivalent de celui de *revenant*. Cependant quelques vieilles femmes vous diront que les âmes des suicidés (les noyés volontaires) sont condamnées à l'éternel travail de *retourner* les grosses pierres qui encombrent le lit des torrents. Au milieu d'une cascade de la Creuse, une de ces roches noires offre tellement la figure d'une barque échouée, que, de loin, on s'y trompe. C'est une pierre *retournée :* on vous assure qu'elle est blanche en-dessous, et qu'elle a été amenée là de bien loin, *par ceux qui retournent.*

Ces légendes se rattachent, sans doute, au lugubre souvenir des désastres causés par les crues subites et terribles de la rivière. En 1845, une trombe de pluie gonfla si subitement les affluents torrentueux de la Creuse, qui est elle-même, en cet endroit, un torrent redoutable, que l'eau monta, dit-on, de plus de cent pieds, apportant toute une forêt récemment abattue sur ses rives. Aux approches de l'unique pont de la contrée, la forêt voyageuse s'arrêta deux heures, prise et serrée entre les deux rives à pic, et, à cette masse, vinrent se joindre d'autres masses de toits, de bateaux, de barrières et de débris de toute sorte; si bien que les enfants, qui ne doutent de rien, passaient d'une rive à l'autre, à pied sec sur cette montagne flottante, au-dessus des vagues en fureur. Tout à coup la montagne se précipita, emportant le pont qui l'avait retenue et balayant tout sur son passage, maisons, troupeaux, cultures et passants.

Pourtant le souvenir de ce désastre n'a pas suffi à peupler d'âmes en peine les bords et les îlots de la terrible rivière. Il s'y joint la tradition vague d'un combat de faux-saulniers contre les gens de la gabelle, au temps où les seigneurs et les bourgeois conduisaient, dans les sentiers escarpés, leurs mulets chargés de sel de contrebande. L'histoire du Berry ne dit rien de cette bataille. Les vieux paysans l'ont entendu raconter à leurs pères, qui la tenaient de leurs grands-pères. Beaucoup de gens, disent-ils, y périrent, et furent précipités des rochers dans la Creuse. C'est pourquoi l'on entend, dans les *mauvaises nuits,* des voix que personne ne connaît et qui crient sans relâche :

— *Au sel! au sel!*

A ce cri, tous les mulets des pâturages voisins s'enfuient, les oreilles couchées et la queue entre les jambes, comme si le diable était après eux.

Dans cette même région, la croyance au *grand serpent* se réveille de temps à autre. On se soucie peu des milliers de vipères qui vivent dans les rochers et qui, dit-on, n'ont jamais fait de mal à personne; mais le serpent de quarante pieds de longueur et qui a la tête faite comme un homme, est celui dont on se préoccupe. C'est probablement le même qui, dans les temps anciens, *mangea* trois prisonniers dans le cachot de la grosse tour de Châteaubrun. Depuis, il s'est montré plusieurs fois, et, l'année dernière, 1857, tout le pays était en émoi, parce qu'une bergère l'avait vu dans un buisson. Plus de cinquante chasseurs étaient sur pied pour le chercher; mais, comme de coutume, on ne le trouva point.

VI

LE FOLLET D'EP-NELL

> Sous la pierre d'Ep-nell, un follet de mauvaise race se tient blotti. C'est un follet à queue : ce sont les pires. Au lieu de soigner et de promener les chevaux, ils les effraient, les maltraitent et les rendent poussifs.
>
> MAURICE SAND.

Georgeon était le diable de la partie du Berry que l'on appelle la vallée Noire. Je dis *était*, parce qu'il est fort oublié aujourd'hui et qu'il faut remonter au souvenir des vieillards morts depuis une trentaine d'années, pour repêcher dans le fleuve d'oubli, qui passe si vite aujourd'hui, le nom mystérieux qui ne devait jamais être écrit, « ni sur papier, ni sur bois, ni sur ardoise, ni sur pierre quelconque, ni sur étoffe, ni sur terre, ni sur poussière ou sable, ni même sur neige tombée du ciel ». Ce nom terrible, qui présidait aux formules les plus efficaces et les plus secrètes, ne devait être confié aux adeptes de la sorcellerie que dans le *pertuis de l'oreille;* il n'était pas permis de le leur dire plus de trois fois. S'ils l'oubliaient, c'était tant pis pour eux. Il fallait financer de nouveau pour obtenir de l'entendre encore.

Ce nom ne devait, en aucune circonstance, être révélé aux profanes et jamais prononcé tout haut, sinon dans la nuit noire et l'entière solitude. Celui qui me le confia l'avait surpris et n'y croyait point. Pourtant il se repentit de me l'avoir dit et revint me prier de ne pas le répéter.

— J'ai mal rêvé cette nuit, disait-il ; par trois fois ma fenêtre s'est ouverte toute grande, sans que personne autre que moi fût entré dans ma chambre.

Quel était le rang et le titre de Georgeon dans la hiérarchie des esprits de malice? C'est ce que je n'ai pu savoir. C'est lui qu'il fallait appeler aux *carrois* ou carrefours des chemins, ou sous certains vieux arbres mal famés, pour faire apparaître l'esprit mystérieux. Avait-il pouvoir par lui-même sur certaines choses de la nature, ou n'était-il qu'un messager intermédiaire entre l'enfer et l'adepte? Je le croirais : un homme du nom de Georgeon avait été jadis emporté à Montgivray par le diable. C'est peut-être cette mauvaise âme qui faisait dès lors le métier de conduire les autres âmes à la perdition.

Georgeon était à moitié invisible, en ce sens qu'il n'apparaissait que dans les nuits sans lune ou à travers d'épais brouillards. On voyait alors une forme humaine plus grande que nature; mais l'habit, les traits, les détails de cette forme restaient toujours insaisissables, ou tellement vagues qu'il était impossible d'en conserver la mémoire, aussi bien que de le reconnaître, même à la voix, quand on avait plusieurs entrevues avec lui. Il fallait chaque fois l'appeler par son nom, et lui dire :

— Est-ce toi avec qui j'ai parlé telle nuit et en tel lieu?

S'il ne répondait pas : *C'est moi!* il fallait se défier et ne rien lui raconter de ce qui s'était passé dans les précédents entretiens avec le diable, soit que Georgeon cachât son identité pour éprouver la discrétion et la prudence de son adepte, soit que le paysan pousse la prudence jusqu'à se méfier du diable, même après s'être donné à lui.

Il est certain, tout au moins, que le paysan a la prétention d'être aussi rusé que Satan et qu'en tout pays ses légendes merveilleuses sont pleines de malices attribuées à de bons gars qui ont su berner le démon et le prendre dans ses propres piéges. Parmi les plus jolies, il faut citer celle du *fé amoureux*, que rapporte l'auteur de *la Normandie merveilleuse* et qui a toute la grâce du langage rustique.

Le *fé* s'était épris d'une belle femme de campagne; chaque soir, pendant qu'elle filait auprès de son feu, il venait s'asseoir sur un escabeau, à l'autre coin de la cheminée. La femme s'étant aperçue de sa présence et de ses regards de convoitise, avertit son mari, qui prit ses vêtements, sa place et sa quenouille, et, faisant mine de filer, attendit le lutin. Celui-ci arrive, regarde de travers l'étrange filandière et lui dit :

— Où donc est la belle, belle, d'hier au soir, qui file, file, et *atourole* toujours; car, toi, tu tournes, tournes, et tu n'*atouroles* pas?

Le mari ne répond rien et attend que le *fé* se soit assis sur l'escabeau d'où il avait coutume de dévorer des yeux la femme du logis, et où l'on avait traîtreusement placé la galetière[1] rougie au feu. Le *fé* s'assied, en effet, brûle

1. Espèce de gril en tôle pour faire cuire les galettes.

outrageusement sa queue et fait un grand cri, en disant :

— Qui m'a fait cette mauvaise mauvaiseté? Est-ce la belle, belle qui atourole toujours?

—Non, répond le mari; c'est moi, moi-même, qui n'atourole jamais!

Le *fé*, exaspéré, s'envole par la cheminée pour appeler ses compagnons qui prenaient leurs ébats sur le toit.

— Qu'as-tu donc à crier, crier? lui disent-ils.

— Je me brûle, brûle!

— Et qui t'a ainsi brûlé, brûlé?

— C'est moi, moi-même, qui n'atourole jamais[1].

Cette réponse parut si stupide aux autres fés, qui sont des esprits très-railleurs, que le mari de la belle fileuse les entendit rire comme des fous, huer, berner et chasser le pauvre amoureux; de quoi il fut fort aise, car il

---

1. Le paysan bas-normand, auteur de cette légende, dit l'auteur qui la rapporte, ne se doutait guère qu'il imitait Homère.

avait eu bien peur d'attirer contre lui toute la bande des lutins, et jamais plus l'amoureux de sa femme n'osa se présenter derechef en sa maison.

Cette légende normande a une sorte de pendant en Berry, ou plutôt c'est la même légende, avec des variantes qui caractérisent l'esprit local.

Ici, le follet, ou fadet, l'histoire ne dit pas précisément à quel type d'esprits malins il appartenait, n'avait nullement l'amour en tête. Positif comme un diable berrichon, il ne songeait qu'à faire enrager la filandière, laquelle n'*atourolait* pas le lin sur son fuseau, mais filait en faisant *virer* de la laine sur un rouet, et, au lieu de la contempler avec des yeux tendres, il embrouillait et cassait méchamment son brin, afin de pouvoir, pendant qu'elle le raccommodait, se glisser dans *l'arche* (la huche au pain), et d'y voler les galettes que la ménagère avait mises en réserve pour ses enfants.

S'étant aperçue de ce manége, la bonne femme ne fit semblant de rien, et, feignant de se baisser, elle ramassa subtilement le fin bout de la longue queue du personnage, l'attacha avec son brin de laine et se mit à la *vironner, vironner* sur son rouet, comme si ce fût un écheveau.

Le fadet ne s'en aperçut pas tout de suite, occupé qu'il était à se vautrer dans la galette au fromage. Mais, quand le rouet eut roulé cinq ou six brasses de queue, il le sentit fort bien et se prit à crier :

— *Ma queue ! ma queue !*

La dévideuse n'en tint compte, et, toujours *vironnant*, se mit à chanter : *Pelote, pelote, ma roulotte !* d'une si bonne voix et menant si grand bruit avec sa roue, que les autres diables, embusqués sur le toit, n'entendirent pas les gémissements et les imprécations de leur camarade, lequel fut bien forcé de se rendre, et de jurer par le nom du grand diable d'enfer qu'il ne remettrait jamais les pieds dans la maison.

D'après certaines versions, le lutin qui s'amuse à *jouiller* (embrouiller et mêler) les fils des dévideuses est un esprit femelle, une mauvaise *fade*. J'ai entendu, dans mon enfance, une vieille qui avait coutume de dire en pareille occasion : *La jouillarde s'y est mise !* et elle faisait une croix avec la main pour conjurer et chasser la diablesse.

Ce que ailleurs on appelle le *gobelin*, le *fé*, le *lutin*, le *farfadet*, le *kobbold*, l'*orco*, l'*elfe*, le *troll*, etc., etc., en Berry, on l'appelle le plus souvent le follet. Il en est de bons et de mauvais. Ceux qui pansent les chevaux à l'écurie et dont tous les valets de ferme entendent le fouet et l'appel de langue, de même que ceux qui, la nuit, font galoper la chevaline au pâturage, et qui leur *jouillent* le crin pour s'en faire des étriers (vu qu'ils sont trop petits pour se tenir sur la croupe de l'animal et qu'ils chevauchent toujours sur l'encolure), sont d'assez bons enfants et fuient à l'approche de l'homme. Toute leur malice consiste à faire mourir ou avorter les juments dont on se permet de couper la crinière quand il leur a plu de la tresser et de la nouer pour leur usage. On appelle les montures favorites du follet *chevaux bouclés*, et autrefois on les estimait comme les meilleurs et les plus ardents. Les juments *pansées du follet* étaient recherchées en foire comme bonnes poulinières.

Ce follet des écuries existe encore chez nous dans la croyance de beaucoup de gens. Tous les paysans de quarante ans, qui se sont adonnés à l'élevage des chevaux, l'ont vu et en font serment avec une candeur impossible à révoquer en doute. Ils n'en ont jamais eu peur, sachant qu'il n'est pas méchant. Ils le décrivent tous de la même manière. Il est gros comme un petit coq et il en a la crête d'un rouge vif. Ses yeux sont de feu, son corps est celui d'un petit homme assez bien fait, sauf qu'il a des griffes au lieu d'ongles. On varie quant à la queue; selon les uns, elle est en plumes; selon les autres, c'est une queue de rat d'une longueur démesurée, et dont il se sert, comme d'un fouet, pour faire courir sa monture.

Dans le nord de la France, certains de ces nains sont fort méchants et se plaisent à égarer les voyageurs. Dans la Marche, autour des dolmens, tout esprit est dangereux et hostile à l'homme parce qu'il est préposé à la garde des trésors cachés sous les grosses pierres. Malheur aux curieux et surtout aux ambitieux qui vont rôder la nuit autour de ces monuments où règne l'éternel mystère de la tradition. Ils sautent sur le cou du cheval, font tomber le cavalier et le rouent de coups. Pourtant on peut s'en préserver de plusieurs manières, quand on a été assez hardi pour étudier, à tout risque, leurs habitudes et leurs fantaisies. En général, ils ne sont pas intelligents et parlent avec difficulté la langue de l'homme. Comme ceux de la Normandie et comme les Korigans de la Bretagne, ils ont la manie ou plutôt l'infirmité de répéter deux fois le même mot, sans pouvoir arriver jusqu'à trois, ou, s'ils dépassent ce nombre en le doublant, ils ne peuvent pas le dire une septième fois.

Un chercheur de trésors, qui voyait le nain sauter devant lui en l'entraînant dans une ronde magnétique et en lui disant sans cesse d'une petite voix aigre : *Tourne! tourne!* l'arrêta court en lui répondant :

— Je tourne, je retourne et je détourne.

Le lutin ne comprit pas, et, pensant que c'était là une formule au-dessus de son savoir, il lâcha l'homme, sauta sur la pierre et la fit danser si fort et tourner si vite, qu'il en sortait du feu. L'homme n'osa pas en approcher, mais il put se retirer sans être suivi. Seulement, le nain lui avait imprimé un tel mouvement de rotation, en le faisant valser avec lui autour de la pierre endiablée, qu'il rentra chez lui toujours tournant sur lui-même comme une toupie lancée, et alla tomber de fatigue à la porte de sa maison.

VII

LE CASSEU' DE BOIS

> Malheur à la ramasseuse de bois qui rencontre sur son chemin l'homme de fer rouge ! Ravageant les arbres de la forêt, il ne permet pas que les humains profitent de ses dégâts.
>
> MAURICE SAND.

Le pauvre paysan est quelquefois un charmant poëte, témoin cette fable où il plaisante sa propre misère avec une si douce mélancolie :

« Au mois d'avril, la *ruiche* (le rouge-gorge) et le *roi-Berthault* (le roitelet) se rencontrèrent aux bois et se demandèrent *leur portement*.

» — Ça va très-bien, Dieu merci, dit la ruiche ; j'ai passé un bon hiver.

» — Et moi de même, dit le roi-Berthault; j'ai passé l'hiver chez le bûcheron et je me suis diantrement chauffé! Ces gens-là font des feux, si vous saviez, ma chère! Ils vous font brûler des bûches aussi grosses que ma jambe!

» — Vrai? dit la ruiche émerveillée. Eh bien, moi, j'ai mangé mon soûl chez le laboureur! Il avait du blé dans son grenier, oh! mais du blé! Debout sur le plancher, j'en avais jusqu'au ventre! »

Les hallucinations du paysan, qui, aussi bien que ses traditions, donnent souvent lieu à des croyances et à des légendes, prouvent que, s'il est généralement privé du sens d'une clairvoyante observation, il a la faculté extraordinairement poétique de personnifier l'apparence des choses et d'en saisir le côté merveilleux. Les reflets embrasés du soleil couchant sous les grands ombrages ont donné naissance à l'homme de feu ou de fer rouge, ou tout simplement de *bois de vergne*[1], qui court de tige en tige, brisant ou embrasant. C'est lui qui, dans la nuit, allume ces terribles incendies où sont dévorées des forêts entières et dont la cause, trop souvent attribuée à la malveillance, reste toujours très-mystérieuse. Disons, en passant, que la chute des aérolites peut expliquer bien des choses et que le paysan de nos jours commence à s'en rendre compte. L'an dernier, une femme de la Berthenoux tricotait devant sa porte, quand elle vit une lumière à rendre aveugle et entendit un bruit à rendre sourd. En une minute, sa maison fut en feu; elle n'eut que le temps de sortir son enfant qui dormait, et vit brûler sa pauvre demeure avec une rapidité qui tenait du prodige.

— Ce n'était pas, dit-elle, un feu comme un autre; j'ai bien vu quelque chose tomber du ciel; mais ce n'était pas le feu ordinaire du

---

1. Le vergne est l'aune des prairies. Quand on le coupe, son bois est d'un rouge de sang.

ciel ; l'air était bien tranquille et il n'y avait pas d'orage du tout.

Le fait fut constaté par de nombreux témoins, et personne ne songea à accuser la pauvre femme de s'être vouée au diable ou d'avoir encouru la colère du Ciel. Il y a cent ans, les choses se fussent passées autrement. La malheureuse eût été maudite et repoussée de tous, ou bien ses voisins eussent été accusés de sortilége. Il y a deux cents ans, quelqu'un, à coup sûr, eût été brûlé pour ce fait, soit la victime de l'incendie, soit le premier passant qui eût éternué de travers au moment du sinistre.

L'homme de feu est aussi nommé *casseu' de bois*. Il prend diverses apparences et joue divers rôles, selon les localités. Il n'est pas toujours flamboyant et incendiaire et se fait entendre plus souvent qu'il ne se montre. Dans les nuits brumeuses, il frappe à coups redoublés sur les arbres, et les gardes forestiers, convaincus qu'ils ont affaire à d'audacieux voleurs de bois, courent au bruit et aperçoivent quelquefois le pâle éclair de sa puissante cognée. Mais, chose étrange, ces grands arbres que l'on entendait crier sous ses coups et qu'on s'attendait à trouver profondément entaillés, n'en portaient pas la moindre trace. Le *casseu'*, ou le *coupeu'*, ou le *batteu'*, car le fantôme porte tous ces noms, est quelquefois le génie protecteur de la forêt qu'il a prise en affection. Il faut se garder de toucher aux arbres sur lesquels il a frappé pour avertir de sa prédilection.

On sait que des troncs pourris émane quelquefois une lueur phosphorescente. Cette lueur, bien réelle et bien visible, a donné lieu à une foule de prétendues apparitions. J'en ai vu une du plus bel aspect, et le paysan qui m'accompagnait me raconta l'histoire suivante :

« Un bon curé qui n'avait crainte d'aucune chose, passait souvent, le soir, dans les bois, en revenant d'une paroisse voisine où il allait souper et faire la partie de cartes avec un confrère.

» Il voyait toujours, au même endroit, une lueur blanche à laquelle il ne donnait pas grande attention, bien que son cheval fît, chaque fois, un petit écart et dressât les oreilles comme s'il eût vu ou senti quelque chose d'extraordinaire.

» Un soir que la lueur lui parut plus vive que de coutume et que son cheval se montra plus inquiet, le curé résolut d'en avoir le cœur net et voulut entrer sous bois, du côté où la clarté paraissait ; mais son cheval s'en défendit si bien, qu'il y renonça et résolut d'aller voir, au jour, s'il y avait par là quelque charbonnière mal couverte qui menaçât de mettre le feu à la futaie.

» Il y alla donc le lendemain matin, et ne trouva, à plus d'un quart de lieue à la ronde, aucune charbonnière allumée ou éteinte, aucune hutte, aucune trace de feu ni cause de lumière. Il n'y songea plus.

» Mais une semaine plus tard, repassant là

sur le minuit, il vit un grand rond de feu blanc qui flambait en travers de son chemin, et son cheval se cabra et refusa tout à fait d'avancer.

» Le curé mit pied à terre, prit sa bête par la bride et avança résolument jusqu'au milieu du feu, qui, non-seulement ne le brûla pas, mais ne lui fit sentir aucune chaleur.

» Il en fut si étonné, que, parvenu au milieu du cercle, il ne put s'empêcher d'en rire et de s'écrier :

» — Ah! par tous les diables, voici la première fois de ma vie que je rencontre du feu froid.

» Ce bon curé, ayant autrefois servi dans les armées, avait la mauvaise habitude de mêler quelques jurons à ses paroles, mais sans aucunement penser à mal.

» Il n'eut pas plus tôt lâché cette imprudente réflexion, qu'il entendit une voix *sifflante comme la graisse qui grésille dans une poêle*, et cette voix, qui semblait venir de dessous terre, disait :

» — Si tu veux du feu chaud, on t'en donnera.

» A ce coup, le curé sentit la peur lui courir dans les cheveux ; mais il ne perdit pas la tête et répondit fort à propos :

» — Merci, mon camarade d'en bas, je n'ai besoin de rien.

» Le feu cessa tout à coup et la voix parut se renfoncer sous terre en murmurant :

» — Poltron de curé, va te coucher! va, poltron, poltron de curé!

» Ce défi irrita l'ancien aumônier de régiment.

» — Poltron de curé? fit-il avec sa plus grosse voix, poltron de curé? Eh bien, viens donc un peu t'y frotter, toi, le beau flambeur qui te caches sous la terre?

» Et, du bout de son bâton, il fit un grand cercle autour de lui à l'endroit où il avait vu le cercle de feu blanc, riant toujours en disant :

» — Tu vois, je ne veux pas sortir de là, c'est là que je t'attends de pied ferme, homme ou diable !

» Et, comme rien ne paraissait ni ne bougeait, il s'escrima de son bâton, frappant devant lui, à droite, à gauche, derrière, partout, et, chaque fois qu'il frappait, il entendait gémir et crier comme si trente diables invisibles eussent reçu la bonne *trempée* qu'il leur administrait.

» Or, comme ce jeu plaisait à son humeur courageuse, il y *prit goût et rage* et battit ainsi le diable une heure durant, jusqu'à ce que les cris et les plaintes, qui allaient toujours s'amoindrissant, fissent place à de faibles soupirs et enfin au plus profond silence.

» Alors, le curé, qui s'était mis tout en sueur, sortit du cercle et alla retrouver son cheval qui s'était sauvé non loin de là.

» Quand il se fut essuyé le front et remis en selle, il reprit le chemin de son presbytère et jamais plus ne revit la lueur dans le bois.

» Mais, la veille de la fête des Trépassés de la même année, il entendit, sur le minuit, frapper à sa porte. Il appela son sacristain, qui lui servait de domestique, et lui dit :

» — On frappe en bas, mon garçon. Va donc voir ce que c'est !

» Le sacristain alla ouvrir et revint, disant :

» — Foi d'homme, monsieur le curé, vous avez rêvé ça, il n'y a personne à la porte.

» Le curé se rendormit ; mais, entendant frapper pour la seconde fois, il se réveilla de nouveau. Il appela encore son valet, qui ne faisait que de se remettre au lit et qui lui jura qu'il se trompait. Pour son compte, il n'avait rien entendu.

» Le curé retournait à son lit, lorsqu'on frappa encore.

» — Jean, dit-il, es-tu devenu sourd ou si c'est un bruit que j'ai dans les oreilles ?

» —Vous l'avez au moins dans la tête, monsieur le curé, répondit Jean ; je n'entends rien que l'horloge de l'église qui dit *tic toc*, et la chouette qui dit *hou hou* dans le clocher.

» Le curé se figura que c'était peut-être un avertissement du ciel pour qu'il eût à se mettre en état de grâce avant de mourir. Mais, comme c'était un homme à vouloir être sûr de son fait, il alluma une lanterne et descendit ouvrir lui-même.

» — Bonne nuit, monsieur le curé, lui dit une voix qu'il connaissait, sans qu'il pût voir aucune figure.

» — Bonne nuit, père Cadet, répondit le curé sans se déconcerter.

» Et il referma sa porte, *s'imaginant* beaucoup en lui-même, car il avait porté en terre le père Cadet il y avait environ une année.

» Il allait remonter l'escalier de sa chambre, quand on frappa encore.

» — Bon, dit-il, ce pauvre défunt aura oublié de me demander des prières; il ne faut pas lui en refuser.

» Et il rouvrit la porte, disant :

» — Est-ce encore vous, père Cadet?

» — Non, monsieur le curé, c'est moi, fit une voix de femme ; je viens vous souhaiter une bonne nuit.

» — Et à vous pareillement, mère Guite, répondit-il, refermant sa porte.

» Or, la mère Guite avait été enterrée chrétiennement environ six mois auparavant.

» Mais on frappa encore, et, cette fois, le curé entendit une jeune voix douce qui lui disait:

» — C'est moi, le petit enfant à la Jeanne Bonnine, que vous avez baptisé et enterré le même jour de l'été dernier. Je viens vous souhaiter la bonne nuit, monsieur le curé.

» — Par ma foi, dit le curé, vous me la souhaiterez tant, qu'elle sera nuit blanche. Si vous avez des honnêtetés à me faire, ne pouvez-vous venir tous ensemble? ce sera plus tôt fini !

» Aussitôt le curé vit clairement devant sa

porte, une douzaine de gens qu'il avait enterrés dans l'année, hommes, femmes, vieux et jeunes: le père Chaudy, qui était mort en moisson et qui tenait encore sa faucille ; la Jeanne Bonnine, qui était morte en couches et qui tenait son pauvre nourrisson sur son bras ; et ainsi des autres, voire la vieille Guite, qui était morte de la *grand'peur* pour avoir vu *l'homme de feu rouge* lui faire reproche et menace, un soir qu'elle ramassait du bois mort dans la taille.

» — Çà, mes chers paroissiens, dit le hardi curé, je suis aise de vous voir debout ; êtes-vous tous en paradis, mes bonnes âmes?

» — Nous nous mettons en route sur l'heure, monsieur le curé, répondit la Jeanne ; nous étions en peine et en souffrance pour nos péchés, sous la garde d'un esprit méchant qui nous faisait danser toutes les nuits sous les arbres ; mais vous nous avez si bien battus dans le bois du Chassin, que notre compte a été acquitté. Ah! que vous frappez rude, monsieur le curé! Dieu vous le rende, pour le bien que vous avez fait à nos âmes!

» — C'est bien, mes enfants, répondit le curé. Bon voyage et priez pour moi!

» Il s'en alla dormir et jamais n'avait si bien dormi, » dit le narrateur en finissant.

VIII

LE MENEU' DE LOUPS

> Cent agneaux vous aurez,
> Courant dedans la brande ;
> Belle, avec moi venez,
> Cent agneaux vous aurez.
> — Les agneaux qu'ous avez
> Ont la gueule trop grande ;
> Sans moi vous garderez
> Les agneaux qu'ous avez.
> *Recueilli par* MAURICE SAND.

Paunay, Saunay, Rosnay, Villiers,
Quatre paroisses de sorciers.

C'est là un dicton du pays de Brenne, et les historiens du Berry désignent cette région marécageuse comme le pays privilégié des *meneux de loups* et *jeteux de sorts*.

La croyance aux meneux de loups est répandue

dans toute la France. C'est le dernier vestige de la légende si longtemps accréditée des lycanthropes. En Berry, où déjà les contes que l'on fait à nos petits-enfants ne sont plus aussi merveilleux ni aussi terribles que ceux que nous faisaient nos grand'mères, je ne me souviens pas que l'on m'ait jamais parlé des hommes-loups de l'antiquité et du moyen âge. Cependant on s'y sert encore du mot de *garou*, qui signifie bien, à lui tout seul, homme-loup ; mais on en a perdu le vrai sens. Le loup-garou est un loup ensorcelé, et les *meneux de loups* ne sont plus les capitaines de ces bandes de sorciers qui se changeaient en loups pour dévorer les enfants ; ce sont des hommes savants et mystérieux, de vieux bûcherons ou de malins gardes-chasse, qui possèdent le *secret* pour charmer, soumettre, apprivoiser et conduire les loups véritables.

Je connais plusieurs personnes qui ont rencontré, aux premières clartés de la lune, au carroir de la Croix-Blanche, le père Soupison, surnommé *Démonnet*, s'en allant tout seul, à grands pas, et suivi de plus de trente loups.

Une nuit, dans la forêt de Châteauroux, deux hommes, qui me l'ont raconté, virent passer, sous bois, une grande bande de loups. Ils en furent très-effrayés et montèrent sur un arbre, d'où ils virent ces animaux s'arrêter à la porte de la hutte d'un bûcheron. Ils l'entourèrent en poussant des hurlements effroyables. Le bûcheron sortit, leur parla dans une langue inconnue, se promena au milieu d'eux, après quoi ils se dispersèrent sans lui faire aucun mal.

C'est là une histoire de paysan. Mais deux personnes riches, ayant reçu de l'éducation, gens de beaucoup de sens et d'habileté dans les affaires, vivant dans le voisinage d'une forêt où elles chassaient fort souvent, m'ont juré, *sur l'honneur*, avoir vu, étant ensemble, un vieux garde forestier, de leur connaissance, s'arrêter à un carrefour écarté et faire des gestes bizarres.

Ces deux personnes se cachèrent pour l'observer et virent accourir treize loups, dont un énorme alla droit au *charmeur* et lui fit des caresses ; celui-ci siffla les autres, comme on siffle des chiens, et s'enfonça avec eux dans l'épaisseur du bois. Les deux témoins de cette scène étrange n'osèrent l'y suivre et se retirèrent aussi surpris qu'effrayés.

Cela me fut raconté si sérieusement, que je déclare n'avoir pas d'opinion sur le fait. J'ai été élevée aux champs et j'ai cru si longtemps à certaines visions que je n'ai pas eues, mais que j'ai vu subir autour de moi, que, même aujourd'hui, je ne saurais trop dire où la réalité finit et où l'hallucination commence. Je sais qu'il y a des dompteurs d'animaux féroces. Y a-t-il des charmeurs d'animaux sauvages en liberté ? Les deux personnes qui m'ont raconté le fait ci-dessus l'ont-elles rêvé simultanément, ou le prétendu sorcier avait-il apprivoisé treize loups pour son plaisir ? Ce que je crois fermement, c'est que les deux narrateurs avaient vu identiquement la même chose et qu'ils l'affirmaient avec sincérité.

Dans le Morvan, les ménétriers sont meneux de loups. Ils ne peuvent apprendre la musique qu'en se vouant au diable, et souvent *leur maître* les bat et leur casse leurs instruments sur le dos, quand ils lui désobéissent. Les loups de ce pays-là sont aussi les sujets de Satan ; ce ne sont pas de vrais loups. La tradition de la lycanthropie se serait mieux conservée là que dans le Berry.

Il y a une cinquantaine d'années, les *sonneurs* de musette et de vielle étaient encore sorciers dans la vallée Noire. Ils ont perdu cette mauvaise réputation ; mais on raconte encore l'histoire d'un maître sonneur qui avait tant de talent et menait une conduite si chrétienne, que le curé de sa paroisse le faisait jouer à la grand'messe durant l'élévation. Il jouait des airs d'église, ce qui entrait bien dans l'éducation musicale des ménétriers de ce temps-là, mais ce qui leur était rarement permis par les curés, à cause de leurs pratiques secrètes, qui n'étaient pas, disait-on, les plus catholiques du monde.

Le grand Julien, de Saint-Août, avait donc ce privilége d'exception, et, quand il *sonnait* à la messe, c'était merveille de l'ouïr, et la paroisse se faisait honneur de lui.

Une nuit, comme il revenait de jouer, trois jours durant, à une noce de campagne, il rencontra, dans la brande, *une musette qui jouait toute seule;* d'autres disent que *c'était le vent qui en jouait.*

Étonné de voir cette musette toute reluisante d'argent, qui venait à lui sans qu'aucune personne la fît aller, il s'arrêta et eut peur. La musette passa à côté de lui, *comme si elle ne le voyait pas*, et continua de sonner d'une si belle manière, que jamais Julien n'avait rien entendu de pareil, et qu'il se sentit, du coup, tout affolé de jalousie.

Voilà donc qu'au lieu de passer, comme un homme raisonnable, il se retourne et suit cette cornemuse pour l'écouter et pour tâcher de retenir l'air qu'elle disait et qu'il était dépité de ne pas savoir.

Il la suivit d'abord d'un peu loin, et puis d'un peu plus près, et puis, enfin, il s'enhardit jusqu'à sauter dessus et la vouloir prendre ; car de voir un si beau et si bon instrument sans maître, il y avait de quoi tenter un homme qui faisait son métier de *musiquer*.

Mais la cornemuse *monta en l'air* et continua de jouer, sans qu'il pût l'*aveindre*, et il s'en retourna chez lui en grand souci et même en grand chagrin. Et, quand on lui demanda, les jours d'après, pourquoi il paraissait en peine et malade, il répondait :

— L'air de la nuit sonne mieux que moi ; ce n'était pas la peine d'apprendre !

On ne sut point ce qu'il voulait dire, mais on l'entendit étudier une musique nouvelle qui ne ressemblait en rien à celle des autres ni à celle qu'il avait jouée jusque-là ; et, la nuit, il s'en allait tout seul, *emmy* la brande, et revenait au petit jour, bien fatigué, mais jouant de mieux en mieux un air qui paraissait très-étrange et que personne ne pouvait comprendre.

« Ceci fut rapporté au curé, qui le fit venir et lui dit :

— Julien, je sais que le diable est enragé de poursuivre et de tenter les gens de ton état ; on me dit que tu vas seul, la nuit, dans des endroits où tu n'as pas besoin, et que tu parais tourmenté. Fais attention à toi, Julien ; si tu commences mal, tu finiras mal !

Julien donna des marques de repentance, et promit de se tenir en paix.

— Tu feras bien, lui dit le curé. Contente-toi de ce que tu sais, et ne vise point à la science qui *mène les loups aux champs.*

C'était un samedi. Le lendemain était

grande fête, il y avait grand'messe carillonnée, et Julien promit de jouer comme il avait coutume.

Cependant, le matin, le sacristain vint dire au curé qu'il avait rencontré Julien dans la brande, jouant d'une manière qui n'était pas chrétienne, et menant derrière lui plus de trois cents loups qui s'étaient sauvés à son approche.

Le curé fit encore venir Julien et le questionna. Julien leva les épaules en disant que le sacristain avait bu.

Et, comme, de vrai, le sacristain était *porté sur la boisson*, son dire ne donna pas grand-crainte à M. le curé, qui commença de dire et chanter la messe.

Quand ce fut à l'élévation, Julien commença aussi de jouer sa chanson d'église; mais, encore qu'il eût peut-être bonne intention de la dire comme il faut, il ne put jamais *tomber dans l'air*, et ce qu'il joua ne fut autre que la chanson du diable que le vent lui avait apprise.

La chose dérangea M. le curé, qui, par trois fois, avant de consacrer l'hostie, s'agita et frappa du pied pour faire taire cette mauvaise complainte; mais enfin, songeant que Dieu se ferait bien respecter lui-même, il éleva l'hostie et dit les paroles de la consécration.

Au même moment, la musette à Julien se creva dans ses mains, avec un bruit comme si l'âme du diable en fût sortie, et il en reçut un si bon coup dans l'estomac qu'il tomba tout *apidmi* (tout pâmé) sur le pavé de l'église.

On l'emporta à son logis, où il fit une grosse maladie. Mais il s'en retira par la grâce de Dieu et la parole de M. le curé, qui le fit renoncer à ses mauvaises pratiques, et à qui il confessa avoir joué pour les loups de la brande. Depuis lors, il joua chrétiennement et laissa les loups se promener tout seuls ou en la compagnie des autres sonneurs damnés.

On dit que ceux-ci lui *firent des peines* pour avoir *vendu le secret*, et qu'ils le battirent souvent pour se revenger. Mais il supporta leurs mauvais traitements par esprit de pénitence et fit une bonne fin, enseignant la musique de cornemuse à ses enfants, et les détournant d'en chercher plus long qu'on n'en doit savoir.

IX

LE LUPEUX

> Charli l'entendait souvent quand il revenait de casser les pierres sur la route. — Oui-da, disait-il à sa femme en rentrant, il me suivait encore, à ce soir, tout le long du buisson, *lupant* à la lune ; mais, moi, je lui disais en moi-même : « *Lupe* donc tant que tu voudras, tu ne me feras pas seulement tourner la tête pour te voir. »
>
> MAURICE SAND.

L'auteur de *la Normandie merveilleuse*, que nous aimons à citer, parle des *bêtes revenantes* (c'est ainsi qu'on les appelle en Berry) à propos du *chien de Monthulé*, qui apparaissait aux habitants de la commune de Sainte-Croix-sur-Aizier, ne faisant aucun mal aux hommes, mais ne se laissant jamais approcher ni toucher, et bornant sa malice à tourmenter si fort les jeunes chiens qu'on n'en pouvait élever aucun dans la localité. La légende normande dit que ce chien avait appartenu à un voyageur mystérieux, et qu'il avait été tué par le propriétaire de la ferme de Monthulé. Son maître, le cherchant partout, vint à la ferme, où on lui jura que l'animal était venu mourir de sa belle mort.

— Si vous ne dites vrai, répondit le voyageur, on le saura bien !

Et il disparut.

A partir de ce moment, le chien devint fantôme pour tourmenter ses meurtriers. L'auteur ajoute :

« Observez que, dans ce conte, une croyance nouvelle se manifeste; une âme est attribuée à l'animal, puisqu'il partage avec l'homme la faculté d'apparaître après sa mort. »

Nous avons constaté la même croyance dans notre province. Une vieille femme de notre village perdit une *ouaille*, une brebis noire, qu'elle soupçonna un méchant voisin d'avoir fait périr par poison ou maléfice. La pauvre bête écorchée et mise en terre, la bonne femme dormait, lorsqu'elle entendit sa chèvre bêler et se démener dans l'étable, comme si elle était aux prises avec quelque chose d'extraordinaire. Elle se leva, et, ouvrant sa porte, elle vit son ouaille noire qui essayait d'entrer dans l'étable où elle avait coutume d'être avec la chèvre. La bonne femme, effrayée, rentre chez elle et se barricade ; mais la chèvre continue à se tourmenter. La femme prend courage et retourne voir. Cela eut lieu par trois fois. Par trois fois elle vit son ouaille essayant d'entrer, et la chèvre venant jusqu'à la barrière de l'étable pour l'appeler et la caresser. Mais ce n'était qu'une ombre; la vieille femme ne put la saisir, et, quand la porte de l'étable fut ouverte, la chèvre sortit, chercha, bêla et rentra, comme si, elle aussi, eût constaté l'illusion qu'elle venait de subir.

J'ai ouï raconter l'histoire d'une pie qui avait appartenu à la Grand'Gothe, une des plus fines sorcières de l'endroit. Cette pie avait appris à parler, et toutes les médisances qu'elle entendait débiter à sa maîtresse, elle les répétait aux passants en manière d'insulte. Si bien que des jeunes gens, lassés d'entendre divulguer leurs petits secrets par cette mauvaise bête, lui tordirent le cou. La Grand'Gothe prédit qu'on s'en repentirait un jour ou l'autre, et mourut elle-même peu de temps après.

Personne ne la regretta, non plus que son vieux frère, le père Grand-Jean, qui n'était pas un mauvais homme, mais qui était si souvent alité, qu'on ne le voyait et ne le connaissait *quasiment* plus. Les deux vieillards et la pie partirent dans la même quinzaine.

Or, le père Grand-Jean avait rempli jusqu'à sa fin, tant bien que mal, les fonctions de sacristain, qui se bornaient, dans la paroisse supprimée depuis la Révolution, à tenir chez lui les clefs de l'église et à sonner l'*Angelus* trois fois par jour. Cette pratique n'était nullement obligatoire; mais les habitants ayant l'habitude d'entendre le son de leur cloche, qui était pour eux une sorte d'horloge, eussent trouvé mauvais que le sacristain s'en dispensât. Et, comme il était trop cassé et trop souvent malade pour n'y pas manquer, sa sœur, la Grand'Gothe, qui se conserva ingambe et verte jusqu'à son dernier jour, sonnait l'*Angelus* à sa place quand il ne pouvait sortir du lit. On prétend qu'elle était si impie, que, tout en secouant la vieille cloche, elle débitait et faisait même mille ordures dans l'église, où personne n'osait la suivre.

Tant il y a que, dans l'intervalle de quelques semaines qui s'écoula entre la mort du vieux sacristain et la nomination de son successeur, la cloche sonna d'elle-même, non plus trois fois par jour, mais tous les soirs après le coucher du soleil, sans qu'on vît personne entrer dans l'église. Seulement, on aperçut la vieille pie qui volait dans le clocher, et, comme on doutait que ce fût la même qui avait été tuée et jetée sur le fumier par les gars du village, on entendit sa petite voix rauque qui recommençait à raconter tous les secrets d'un chacun et à insulter hommes et femmes, jeunes et vieux, sans respect ni ménagement. Et l'on sut par elle bien des choses qui divertissaient les uns et fâchaient les autres. Le pire, c'est que l'on ne savait comment se débarrasser de cette mauvaise âme de pie, car de faire dire des messes pour elle, il n'y fallait point songer. La chose dura jusqu'à ce que le nouveau sacristain prit possession de l'église, et comme c'était un bon chrétien, *priant ferme et sonnant dur*, le méchant esprit disparut et la cloche n'obéit plus qu'à celui qui avait le droit de la faire chanter.

Naturellement, le souvenir de cette pie fantastique et médisante réveille en nous celui du *lupeux*, qu'il ne faudra confondre ni avec le *lupin*, ni avec le *lubin*, ni avec les autres variétés du loup-garou. Le lupeux est un démon dont la nature n'a jamais été bien définie et dont l'*apparaissance* varie suivant les localités. C'est encore au pays de Brenne qu'il fait sa résidence, dans ces interminables plaines semées d'étangs immenses qui ont tous leur légende et où vivent les grands serpents donneurs de fièvres, cousins germains des *cocadrilles* que l'on aperçoit quand les eaux sont basses, mais que l'on ne peut détruire qu'en desséchant les marécages où ils résident depuis que le monde est monde.

Un de nos amis, qui parcourait le pays avec un guide, entendit, un soir, dans le crépuscule, une voix presque humaine et très-douce qui, d'un ton enjoué ou plutôt goguenard, répétait de place en place, autour de lui :

— Ah ! ah !

Il regarda de tous côtés, ne vit rien et dit à son compagnon de route :

— Voilà quelqu'un de bien étonné ; est-ce à cause de nous ?

Le guide ne répondit rien. Ils continuèrent à marcher dans la plaine déserte où les arbres *téteaux*, c'est-à-dire étêtés et mutilés par l'ébranchage, prenaient sur l'horizon, blanchi à l'approche de la lune, les formes les plus monstrueuses et les plus bizarres. La petite voix claire et douce suivait nos voyageurs, et, à chaque mouvement de surprise que faisait notre ami, répétait *ah! ah!* d'une manière si moqueuse et si gaie, qu'il ne put s'empêcher de rire en lui répondant :

— Eh bien, quoi donc?

— Taisez-vous, pour l'amour de Dieu! lui dit son guide en lui serrant le bras et en se signant avec dévotion; ne lui parlez pas, n'ayez pas l'air de l'entendre. Si vous lui répondez encore une fois, nous sommes perdus!

Notre ami, qui connaît bien les idées du paysan, ne s'obstina pas, et, quand ils eurent lassé par leur silence l'invisible persifleur :

— Ah! çà, dit-il à son guide, c'est un oiseau de nuit, une espèce de chouette ?

— Ah bien, oui! répondit l'autre, un bel oiseau ! c'est le lupeux ! Ça commence par plaisanter avec vous, ça rit, ça vous tire de votre chemin, ça vous emmène et puis ça se fâche, et *ça vous périt* dans quelque fondrière.

Telle est, en effet, la spécialité du lupeux démon aussi spirituel que méchant, que l'on a vu quelquefois perché sur un arbre tortu, vu qu'il est lui-même *de travers*, c'est-à-dire *traversieux*, c'est-à-dire enfin pervers et amoureux *de nuisance*.

Les gens qui ont eu l'imprudence de le suivre et de l'écouter s'en sont mal trouvés. Il n'est sorte de plaisants contes, de méchants propos, de commérages sanglants ou comiques dont il ne vous régale dès que vous avez été assez curieux pour lui dire jusqu'à trois fois : *Quoi donc?* ou *qu'est-ce qu'il y a?* Il commence alors à babiller comme une *ageasse* (une pie), il vous régale d'aventures étranges et scandaleuses, il promet de vous faire surprendre des rendez-vous galants qui intéressent votre malice naturelle ou votre jalousie conjugale. Une fois dans ses griffes, on ne se lasse pas de l'écouter et de le questionner. Il vous conduit au bord d'une eau trompeuse et vous dit :

— Regarde !

Vous vous penchez vers ce fantastique miroir où vous apparaissent en effet les images qui troublent votre imagination ; mais le perfide vous pousse, et, quand la mort vous enlace de ses bras glacés, vous entendez le lupeux, perché sur une branche au-dessus de l'eau, dire, de sa jolie scélérate de voix :

— Ah ! ah !... Eh bien, voilà ce que c'est !

Dans le canton de la Châtre, ce ne sont pas seulement les animaux qui *reviennent*, ce sont encore les meubles. Du temps que le château de Briantes était encore habité, il s'y passait des scènes de l'autre monde. Un certain paysan régisseur, qui voulut approfondir ces mystères et qui s'y porta en esprit fort, dut y renoncer. Il y avait, dans la plus haute chambre, une oubliette d'où sortaient, la nuit, des clameurs effroyables, des cris d'animaux, des plaintes humaines et de grandes bouffées de vent qui éteignaient les lumières. C'étaient les âmes des gens et des bêtes qui avaient été massacrés en ce domaine par les huguenots pillards et les reîtres sans merci. Mais il y a plus, les meubles ayant été brisés, jetés par les fenêtres, et toutes choses *mises à sac*, en ce temps de calamités, on entendait aussi des craquements et des *fracassements* d'objets invisibles qui semblaient rouler sur vous le long des escaliers et menacer de vous écraser.

Le susdit régisseur ayant bravé quelque temps ces prodiges sans en recevoir aucun dommage, s'en croyait quitte; mais, un soir qu'il revenait de la foire et entrait en la cuisine du castel pour se reposer et se chauffer, la chaise sur laquelle il voulut s'asseoir se tourna contre lui, les pieds en l'air, et, tandis qu'il en cherchait une de meilleure volonté, toutes les chaises et tous les bancs de ladite cuisine, se ruèrent sur lui et lui donnèrent tant de coups, qu'il lui fallut céder et fuir; d'autant plus que les broches et les couperets se mettaient de la partie et lui donnèrent la chasse jusqu'au milieu de la cour.

D'où l'on dut logiquement conclure que les choses inanimées avaient le droit de se plaindre et de crier à leur manière, comme des âmes en peine, et qu'il ne fallait pas plus se moquer d'elles que des autres revenants.

X

LE MOINE

DES

ÉTANGS-BRISSES

> Passants qui, aux derniers rayons du soleil, longez les marécages, prenez garde au moine gigantesque qui se lève tout à coup du milieu des roseaux. Fuyez et n'écoutez pas ses discours maudits!
>
> MAURICE SAND.

Jeanne et Pierre s'étaient attardés, un dimanche, le long des Étangs-Brisses. C'est un endroit qui n'est pas gai, surtout le soir. Quand on a passé les bois, on arrive sur un grand plateau tout nu, où il n'y a que joncs et sable et de grandes flaques d'eau qui se rejoignent à la saison des pluies et font comme un lac dont le fond paraît tout noir.

Au temps passé, un méchant moine, pris de vin, y fut noyé avec son âne, pour avoir voulu suivre une petite chaussée bien étroite que l'eau couvrait. L'âne n'avait point fait de mal, jamais plus on ne l'entendit braire; mais le moine libertin fut condamné à sentir les affres de la mort et les angoisses de sa dernière heure tant qu'il y aurait une goutte d'eau dans les Étangs-Brisses. Or, bien que la culture empiète chaque année sur les bords de ces petits lacs, ils ne font point mine de tarir; donc, le supplice du moine dure encore et durera Dieu sait combien !

Jeanne connaissait bien la mauvaise renommée des étangs; mais Pierre n'y voulait pas croire et s'en moquait. Il l'empêchait d'ailleurs d'y songer, lui disant toute sorte de choses que Jeanne trouvait belles et agréables à entendre. Ils étaient fiancés et revenaient de la ville, où ils avaient choisi leur *livrée* de noce, c'est-à-dire habits neufs, rubans et dentelles pour le grand jour. Ils marchaient ensemble, se tenant par le petit doigt, comme c'est la coutume des accordés, lorsqu'ils se trouvèrent sur la chaussée, les pieds pris dans la vase. La veille, un gros orage avait enflé l'étang, qui débordait un peu.

— Tu me mènes mal, dit Jeanne à son amoureux ; m'est avis que ce n'est point là le bon passage.

—Attends que je m'y reconnaisse, lui répondit Pierre. De vrai, le soleil est couché, et les roseaux sont tout noirs, tous pareils les uns aux autres. Reste un peu là, je m'en irai voir si on en peut sortir.

Jeanne était lasse ; elle s'assit dans les roseaux et regarda le ciel rouge tout *pigelé,* c'est-à-dire tout marbré de jaune et de brun, et son esprit se tourna à la tristesse, sans qu'elle eût pu dire pourquoi.

— Si c'était tout à fait de nuit, pensa-t-elle,

je ne voudrais point me trouver seule en ce mauvais endroit, où, *dans les temps*, le moine *s'est péri*. Pourvu que Pierre ne marche pas à faux dans ces herbes folles !

Elle le suivit des yeux tant qu'elle put le voir, et puis elle ne le vit plus du tout et commença de trembler de tout son pauvre corps.

Tout à coup, elle vit voler une grande bande de canards sauvages qui venait de son côté en menant du bruit; et, se levant sur la pointe de ses pieds, elle vit Pierre qui revenait, s'amusant à jeter des cailloux dans l'eau pour faire lever d'autres bandes d'oiseaux dont l'étang se remplissait, à mesure que la nuit descendait du haut du ciel.

Quand Pierre fut à côté d'elle, il lui dit :

— Nous sommes dans le vrai chemin, et, sauf un peu de bourbe, nous passerons bien. Laisse-moi souffler une minute, car j'ai marché vite, et, d'ailleurs, l'endroit n'est pas trop vilain pour se reposer.

— Si tu le trouves joli, c'est une drôle d'idée, mon Pierre; moi, je m'y déplais et le temps m'y a duré. Repose-toi vite, car j'en veux sortir avant la grand'nuit.

Quand Pierre se fut assis dans les roseaux à côté de Jeanne, il lui dit :

— Mon Dieu! Jeanne, le temps m'a bien duré aussi en marchant, car il me semble que je ne t'ai point embrassée depuis deux ans.

— *Diseu' de riens!* reprit-elle, tu m'as embrassée il n'y a pas deux quarts d'heure.

— Eh bien, ma mie, où est le mal?

— Je ne dis point qu'il y en ait, puisque nous nous marions !

— Or donc, laisse-moi t'embrasser encore une petite fois, ou sept.

Jeanne se laissa embrasser une fois, disant que c'était assez. Elle n'y entendait point malice, mais elle savait que, s'il est permis aux accordés de campagne de s'embrasser en marchant, devant les passants, il n'est point convenable ni honnête de se dire ses amitiés en cachette du monde, et de s'arrêter dans les endroits où personne ne passe.

Pierre, qui était un garçon *bien comme il faut*, c'est-à-dire sachant se comporter en tout de la vraie manière, était content de voir Jeanne le tenir à distance, et il ne faisait le jeu d'outrepasser un peu son droit que pour avoir le plaisir de recevoir d'elle une bonne tape de temps en temps; ce qui est, comme chacun sait, une grande marque de confiance et d'amitié.

Et, quand ils se furent ainsi honnêtement chamaillés un petit moment, ils se mirent à causer de l'avenir, ce qui est encore une grande réjouissance entre gens qui doivent passer leur vie ensemble. Et les voilà comptant et recomptant leurs petits apports, se bâtissant une maison neuve et se plantant un joli petit jardin, comme qui dirait dans la tête, car les pauvres enfants ne possédaient pas gros, et il leur fallait bien travailler seulement pour entretenir ce qu'ils avaient.

Mais voilà qu'une voix que Pierre n'entendait pas se mit à parler avec Jeanne comme si c'était celle de Pierre, tandis qu'une voix se mettait à parler avec Pierre comme si c'était celle de Jeanne, et pourtant ce ne l'était point et Jeanne ne l'entendait mie. Et ainsi ils crurent se dire des choses qu'ils ne se disaient point et se trouvèrent en mauvais accord sans savoir d'où cela leur venait. Jeanne reprochait à Pierre d'être un paresseux et d'aimer le cabaret; Pierre reprochait à Jeanne d'être coquette et d'aimer trop la braverie. Si bien que tous deux se mirent à pleurer et à bouder, ne se voulant plus rien dire.

Mais une chose étonnante, c'est qu'en ne se disant plus rien, et en ne se voyant point remuer les lèvres, ils entendirent, tous deux à la fois, une voix très-sourde qui parlait en manière de grenouille ou de canne sauvage, et qui disait les plus méchantes paroles du monde.

— Que faites-vous là, enfants, à vous bouder, au lieu de mettre à profit la nuit et la solitude? Vous attendez sottement la fin de la semaine pour vous aimer librement? Voilà une belle fadaise que le mariage! Ne savez-vous pas que le mariage, c'est la peine, la misère, les querelles, le souci des enfants et les jours sans pain? Allons, allons, innocents que vous êtes! Dès le lendemain du mariage, vous pleurerez, si vous ne vous battez point! Vous voyez bien que déjà, en voulant parler d'avenir et d'économie, vous n'avez pu vous entendre! La vie est sotte et misérable, ne vous y trompez pas; il n'y a de bon que l'oubli du devoir et le plaisir sans contrainte. Aimez-vous à présent, car, si vous ne profitez de l'heure qui se présente, vous ne la retrouverez plus et ne connaîtrez de votre union que les coups et les injures, des fleurs de la jeunesse que les piquerons et la folle graine.

Jeanne et Pierre avaient bien peur. Ils se tenaient la main et se serraient l'un contre l'autre sans oser respirer. Jeanne n'entendait rien de ce que lui disait la méchante voix. Les paroles passaient dans son oreille comme une messe du diable dite au rebours du bon sens; mais Pierre qui en savait plus long, écoutait, malgré sa peur, et comprenait quasiment tout.

— La voix est laide, dit-il, j'en tombe d'accord; mais les mots ne sont point bêtes, et, si tu m'en croyais, Jeanne, tu l'écouterais aussi.

— Que les paroles soient bêtes ou belles, je ne m'en soucie pas, répondit-elle. Elles me font peur, encore que je n'y comprenne goutte; c'est quelqu'un qui se moque de nous parce que nous voilà tout seuls arrêtés en un lieu qui ne convient pas. Allons-nous-en vitement, mon Pierre! Cette personne-là, vivante ou morte, ne nous veut que du mal.

— Non, Jeanne, elle nous veut du bien, car elle plaint le sort qui nous attend, et, si tu voulais bien comprendre ce qu'elle dit...

Là-dessus, Pierre, se sentant poussé du diable, voulut retenir Jeanne qui voulait s'en aller, et le mauvais esprit se crut pour un moment le plus fort.

Mais il n'est pas donné à ces mauvaises engeances de faire aux bons chrétiens tout le mal qu'elles souhaitent. Le moine libertin, voyant que Pierre trébuchait dans sa conscience, fut trop pressé de lui prendre son âme. Il se mit à chanter dans sa voix de marais, disant :

— Venez, venez, mes beaux enfants ! il n'est pas besoin ici de cierges ni de témoins. S'il vous faut quelqu'un pour vous marier, je sais dire les vraies paroles qu'il faut. Mettez-vous à genoux devant moi et vous aurez la bénédiction de Belzébuth !

Disant cela, voilà le moine qui fait sortir de

l'eau sa grosse tête couverte d'un capuchon vaseux.

— Sauvons-nous! dit Jeanne, voilà une grosse loutre qui veut sauter après nous.

— Non pas, dit Pierre, je la virerai bien de mon bâton.

Mais, comme il se penchait sur l'eau pour regarder, il vit les yeux de feu du moine et puis sa barbe toute remplie de sangsues et de grenouilles, et puis son corps tout pourri, et puis ses jambes desséchées, et puis ses deux grands bras, tout ruisselants de mousse et de fange qu'il déploya comme deux ailes sur la tête des deux amoureux, pour les consacrer à Satan.

Mais Pierre, encore qu'il ne fût pas des plus poltrons, eut une si fière peur de voir le moine grandir, grandir, comme s'il eût voulu toucher les nuées, qu'il se sauva, criant comme un essieu, courant comme un lièvre et tirant après lui la pauvre Jeanne, plus morte que vive, mais qui pourtant ne se fit point prier pour passer la chaussée, les pieds mouillés et les cheveux au vent.

Et si bien coururent, qu'ils arrivèrent au logis de leurs parents sans avoir une seule fois tourné la tête et sans avoir pris le temps de se dire un pauvre mot. Ils se marièrent dévotement huit jours après, sans avoir écouté les conseils du méchant moine, qui fut, dit-on, si penaud d'avoir manqué son coup de filet, qu'il resta longtemps sans oser reparaître et tenter de nouveau la pêche aux âmes chrétiennes.

La croyance au moine bourru, qui s'en va, menaçant et plaintif, frapper aux portes des maisons durant la nuit, et qui ne se retire, aux approches du jour, qu'en poussant des hurlements horribles, était proverbiale autrefois. Elle s'est maintenue longtemps dans presque toutes les provinces de France. On a beaucoup de légendes sur les **moines débau-**

chés, et même sur les curés qui ont manqué à leur vœu. Il est peu de presbytères qui ne fussent encore hantés par ces âmes en peine, il y a une vingtaine d'années, et peu d'églises de campagne où n'ait été surprise cette fameuse messe expiatoire que le prêtre défunt vient essayer de dire à l'aube du jour et qu'il ne peut jamais achever, s'il ne trouve un vivant de bonne volonté qui ait le courage de lui répondre *amen*.

XI

LES FLAMBETTES

> Ce sont des esprits taquins et pernicieux. Dès qu'elles aperçoivent un voyageur, elles l'entourent, le lutinent et parviennent à l'exaspérer. Elles fuient alors, l'entraînent au fond des bois et disparaissent quand elles l'ont tout à fait égaré.
>
> MAURICE SAND.

Les flambeaux, ou *flambettes*, ou *flamboires*, que l'on appelle aussi les feux fous, sont ces météores bleuâtres que tout le monde a rencontrés la nuit ou vus danser sur la suface rimmobile des eaux dormantes. On dit que ces météores sont inertes par eux-mêmes, mais la moindre brise les agite, et ils prennent une apparence de mouvement qui amuse ou inquiète l'imagination, selon qu'elle est disposée à la tristesse ou à la poésie.

Pour les paysans, ce sont des âmes en peine qui leur demandent des prières, ou de méchantes âmes qui les entraînent dans une course désespérée et les mènent, après mille détours insidieux, au plus profond de l'étang ou de la rivière. Comme le lupeux et le follet, on les entend rire toujours plus distinctement à mesure qu'elles s'emparent de leur proie et la voient s'approcher du dénoûment funeste et inévitable.

Les croyances varient beaucoup sur la nature et l'intention plus ou moins mauvaises des *flambettes*. Il en est qui se contentent de vous égarer, et qui, pour en venir à leurs fins, ne se gênent nullement pour prendre diverses apparences.

On raconte qu'un berger, qui avait appris à se les rendre favorables, les faisait venir et partir à son gré. Tout allait bien pour lui, sous leur protection. Ses bêtes profitaient, et, quant à lui, il n'était jamais malade, dormait et mangeait bien, été comme hiver. Cependant, on le vit tout à coup devenir maigre, jaune et mélancolique. Consulté sur la cause de son ennui, il raconta ce qui suit.

Une nuit qu'il était couché dans sa cabane roulante, auprès de son parc, il fut éveillé par une grande clarté et par de grands coups frappés sur le toit de son habitacle.

— Qu'est-ce que c'est donc? fit-il, très-surpris que ses chiens ne l'eussent pas averti.

Mais, avant qu'il fût venu à bout de se lever, car il se sentait lourd et comme étouffé, il vit devant lui une femme si petite, si petite, et si menue, et si vieille, qu'il en eut peur, car aucune femme vivante ne pouvait avoir une pareille taille et un pareil âge. Elle n'était habillée que de ses longs cheveux blancs qui la cachaient *tout entièrement* et ne laissaient passer que sa petite tête ridée et ses petits pieds desséchés.

— Çà, mon garçon, fit-elle, viens avec moi, l'heure est venue.

— Quelle heure donc qui est venue? dit le berger tout déconfit.

— L'heure de nous marier, reprit-elle; ne m'as-tu pas promis le mariage?

— Oh! oh! je ne crois pas! d'autant plus que je ne vous connais point et vous vois pour la première fois de ma vie.

— Tu en as menti, beau berger! tu m'as vue sous ma forme lumineuse. Ne reconnais-tu pas la mère des flambettes de la prairie? et ne m'as-tu pas juré, en échange des grands services que je t'ai rendus, de faire la première chose dont je te viendrais requérir?

— Oui, c'est vrai, mère Flambette; je ne suis pas un homme à reprendre ma parole, mais j'ai juré cela à condition que ce ne serait aucune chose contraire à ma foi de chrétien et aux intérêts de mon âme.

— Eh bien, donc! est-ce que je te viens enjôler comme une coureuse de nuit? Est-ce que je ne viens pas chez toi décemment revêtue de ma belle chevelure d'argent fin, et parée comme une fiancée? C'est à la messe de la nuit que je te veux conduire, et rien n'est si salutaire pour l'âme d'un vivant que le mariage avec une belle morte comme je suis. Allons, viens-tu? Je n'ai pas de temps à perdre en paroles.

Et elle fit mine d'emmener le berger hors de son parc. Mais il recula tout effrayé, disant :

— Nenni, ma bonne dame, c'est trop d'honneur pour un pauvre homme comme moi, et d'ailleurs j'ai fait vœu à saint Ludre, mon patron, d'être garçon le restant de mes jours.

Le nom du saint, mêlé au refus du berger, mit la vieille en fureur. Elle se prit à sauter en grondant comme une tempête, et à faire

tourbillonner sa chevelure, qui, en s'écartant,
laissa voir son corps noir et velu. Le pauvre
Ludre (c'était le nom du berger) recula d'horreur en voyant que c'était le corps d'une
chèvre, avec la tête, les pieds et les mains
d'une femme caduque.

— Retourne au diable, la laide sorcière!
s'écria-t-il; je te renie et je te conjure au nom
du...

Il allait faire le signe de la croix, mais il
s'arrêta, jugeant que c'était inutile, car, au seul
geste de sa main, la diablesse avait disparu, et
il ne restait plus d'elle qu'une petite flamme
bleue qui voltigeait en dehors du parc.

— C'est bien, dit le berger, faites le flambeau tant qu'il vous plaira, cela m'est fort
égal, je me moque de vos clartés et singeries.

Là-dessus, il se voulut recoucher; mais voilà que ses chiens, qui jusque-là étaient restés
comme charmés, se prirent à venir sur lui en
grondant et en montrant les dents, comme

s'ils le voulaient dévorer, ce qui le mit fort en colère contre eux, et, prenant son bâton ferré, il les battit comme ils le méritaient pour leur mauvaise garde et leur méchante humeur.

Les chiens se couchèrent à ses pieds en tremblant et en pleurant. On eût dit qu'ils avaient regret de ce que le mauvais esprit les avait forcés de faire. Ludre les voyant apaisés et soumis, se mettait en devoir de se rendormir, lorsqu'il les vit se relever comme des bêtes furieuses et se jeter sur son troupeau. Il y avait là deux cents ouailles qui se prirent de peur et de vertige, sautèrent comme des diables par-dessus la clôture du parc et s'enfuirent à travers champs, courant comme si elles eussent été changées en biches, tandis que les chiens, tournés à la rage comme des loups, les poursuivaient en leur mordant les jambes et leur arrachant la laine, qui s'envolait en nuées blanches sur les buissons.

Le berger, bien en peine, ne prit pas le temps de remettre ses souliers et sa veste, qu'il avait posés à cause de la grande chaleur. Il se mit à courir après son troupeau, jurant après ses chiens qui ne l'écoutaient point et couraient de plus belle, hurlant comme chiens courants qui ont levé le lièvre, et chassant devant eux le troupeau effarouché.

Et tant coururent, ouailles, chiens et berger, que le pauvre Ludre fit au moins douze lieues autour de *la mare aux flambettes*, sans pouvoir rattraper son troupeau, ni arrêter ses chiens, qu'il eût tués de bon cœur s'il eût pu les atteindre.

Enfin, le jour venant à poindre, il fut bien étonné de voir que les ouailles qu'il croyait poursuivre n'étaient autre chose que des petites femmes blanches, longues et menues, qui filaient comme le vent et qui ne semblaient point se fatiguer plus que ne se fatigue le vent lui-même. Quant à ses chiens, il les vit *mués en deux grosses coares* (corbeaux), qui volaient de branche en branche en croassant.

Assuré alors qu'il était tombé dans un sabbat, il s'en retourna tout éreinté et tout triste à son parc, où il fut bien étonné de retrouver son troupeau dormant sous la garde de ses chiens, lesquels vinrent au-devant de lui pour le caresser.

Il se jeta alors sur son lit et dormit comme une pierre. Mais, le lendemain, au soleil levé, il compta ses bêtes à laine et en trouva une de moins qu'il eut beau chercher.

Le soir, un bûcheron, qui travaillait autour de la mare aux flambettes, lui rapporta, sur son âne, la pauvre brebis noyée, en lui demandant comment il gardait ses bêtes, et en lui conseillant de ne pas dormir si dur s'il voulait garder sa bonne renommée de berger et la confiance de ses maîtres.

Le pauvre Ludre eut bien souci d'une affaire à quoi il ne comprenait rien, et qui, par malheur pour lui, recommença d'une autre manière la nuit suivante.

Cette fois, il rêva qu'une vieille chèvre, à grandes cornes d'argent, parlait à ses ouailles et qu'elles la suivaient en galopant et sautant comme des cabris autour de la grand'mare. Il s'imagina que ses chiens étaient *mués* en bergers, et lui-même en un bouc que ces bergers battaient et forçaient à courir.

Comme la veille, il s'arrêta à la *piquée* du jour, reconnut les flambettes blanches qui l'avaient déjà abusé, revint, trouva tout tranquille dans son parc, dormit tombant de fatigue, puis se leva tard, compta ses bêtes et en trouva encore une de moins.

Cette fois, il courut à la mare et trouva la bête en train de se noyer. Il la retira de l'eau, mais c'était trop tard et elle n'était plus bonne qu'à écorcher.

Ce méchant métier durait depuis huit jours. Il manquait huit bêtes au troupeau, et Ludre, soit qu'il courût en rêve comme un somnambule, soit qu'il rêvât, dans la fièvre, qu'il avait les jambes en mouvement et l'esprit en peine, se sentait si las et si malade, qu'il en pensait mourir.

— Mon pauvre camarade, lui dit un vieux berger très-savant, à qui il contait ses peines, il te faut épouser la vieille ou renoncer à ton état. Je connais cette bique à cheveux d'argent pour l'avoir vue lutiner un de nos anciens, qu'elle a fait mourir de fièvre et de chagrin. Voilà pourquoi je n'ai jamais voulu frayer avec les flambettes, encore qu'elles m'aient fait bien des avances, et que je les aie vues danser en belles jeunes filles autour de mon parc.

— Et ne sauriez-vous me donner un charme pour m'en débarrasser ? dit Ludre tout accablé.

— J'ai ouï dire, répondit le vieux, que celui qui pourrait couper la barbe à cette maudite chèvre la gouvernerait à son gré ; mais on y risque gros, à ce qu'il paraît, car, si on lui en laisse seulement un poil, elle reprend sa force et vous tord le cou.

— Ma foi, j'y tenterai tout de même, reprit Ludre, car autant vaut y périr que de m'en aller en *languition* comme j'y suis.

La nuit suivante, il vit la vieille en figure de flambette approcher de sa cabane, et il lui dit :

— Viens çà, la belle des belles, et marions-nous vitement.

Quelle fut la noce, on ne l'a jamais su ; mais, sur le minuit, la sorcière étant bien endormie, Ludre prit les ciseaux à tondre les moutons et, d'un seul coup, lui trancha si bien la barbe, qu'elle avait le menton tout à nu, et il fut content de voir que ce menton était rose et blanc comme celui d'une jeune fille. Alors l'idée lui vint de tondre ainsi toute sa *chèvre épousée*, pensant qu'elle perdrait peut-être toute sa laideur et sa malice avec sa toison.

Comme elle dormait toujours ou faisait semblant, il n'eut pas grand'peine à faire cette tondaille. Mais, quand ce fut fini, il s'aperçut qu'il avait tondu sa houlette et qu'il se trouvait seul, couché avec ce bâton de cormier.

Il se leva bien inquiet de ce que pouvait signifier cette nouvelle diablerie, et son premier soin fut de recompter ses bêtes, qui se trouvèrent au nombre de deux cents, comme si aucune ne se fût jamais noyée.

Alors, il se dépêcha de brûler tout le poil de la chèvre et de remercier le bon saint Ludre, qui ne permit plus aux flambettes de le tourmenter.

XII

LUBINS ET LUPINS

> Les lupins (ou lubins) sont des animaux fantastiques qui, la nuit, se tiennent debout le long des murs et hurlent à la lune. Ils sont tres-peureux, et, si quelqu'un vient à passer, ils s'enfuient en criant : *Robert est mort! Robert est mort!*
>
> MAURICE SAND.

Il ne faut pas trop regarder les grands murs blancs au crépuscule, encore moins au clair de la lune. On pourrait y voir *la hure*. En Normandie et dans plusieurs autres provinces, *la hure* se promène le long des treilles, on ne sait guère à quelle intention, si ce n'est pour empêcher les enfants d'aller voler le raisin. Elle serait donc au nombre de ces esprits gardiens qui descendent en droite ligne, ainsi que les autres fadets domestiques, des lares vénérés de l'antiquité.

Quoi qu'il en soit, *la hure* est fort vilaine et il y aurait de quoi mourir de peur si on s'obstinait à étudier son profil reflété sur les murailles. Les Grecs et les Romains avaient l'imagination riante ; ils peuplaient de charmantes divinités les arbres, les eaux et les prairies. Le moyen âge a assombri toutes ces bénignes apparitions. Le catholicisme, ne pouvant extirper la croyance, s'est hâté de les enlaidir et d'en faire des démons et des bêtes, pour détourner les hommes du culte des représentants de la matière.

Cependant, il n'a pas réussi à les rendre tous haïssables et pernicieux, et bon nombre des esprits de la nuit sont demeurés inoffensifs. C'est bien assez qu'ils aient consenti à revêtir des formes bizarres et repoussantes qui les empêchent de séduire les humains.

Les lubins sont de cette famille. Esprits chagrins, rêveurs et stupides, ils passent leur vie à causer dans une langue inconnue, le long des murs des cimetières. En certains endroits, on les accuse de s'introduire dans le champ du repos et d'y ronger les ossements. Dans ce dernier cas, ils appartiennent à la race des lycanthropes et des garous, et doivent être appelés *lupins*. Mais, chez les *lubins*, les mœurs s'adoucissent avec le nom. Ils ne font aucun mal et prennent la fuite au moindre bruit.

Cependant, il ne vaudrait rien de s'aboucher avec eux. Ils ont un certain mystère à l'endroit de Robert le Diable ou de tout autre Robert dont on n'a pu saisir la légende, et ce mystère a peut-être pour châtiment l'humiliation d'une figure horrible et l'angoisse du perpétuel tourment de la peur.

Sont-ils les descendants des fameux *frères lubins et loups-garous* de Rabelais? Qui sera assez épris de ces recherches étymologiques pour aller le leur demander?

Je ne sais si c'est aux lupins que le petit tailleur bossu de Saint-Bault eut affaire. On le croirait, d'après certaines circonstances de son histoire. La voici telle que j'ai pu la recueillir :

« La Bretagne n'a pas le monopole des petits tailleurs bossus. Dans nos campagnes et partout, je crois, tout individu contrefait et jugé impropre au travail de la terre est pourvu d'un autre métier, et peut dire, en se redressant de son mieux, que celui qui n'a pas la force de pousser la bêche, a, en compensation, l'adresse de pousser l'aiguille.

» Un soir que notre bossu passait le long du mur du cimetière, il y vit une bande d'esprits en forme de laides bêtes qui ressemblaient à des chiens noirs ou à des loups, et que, pour faciliter notre récit, nous appellerons lupins, bien qu'ils ne nous aient été désignés sous aucun nom particulier.

» Soit que ces esprits-bêtes fussent d'une race plus hardie que les lubins et lupins ordinaires, soit que le tailleur fût si laid, si laid, qu'il ne leur fît pas l'effet d'un chrétien, ils ne bougèrent tout le temps qu'il passa devant eux. Ils se contentèrent de le regarder avec leurs yeux, qui brillaient comme du *sang de feu*, et à ouvrir leurs vilaines gueules, qui avaient si mauvaise haleine que le tailleur en fut empesté.

» Pourtant, comme il avait grand'peur, ne les ayant aperçus que lorsqu'il était au milieu de la file, et qu'il avait autant de chemin à faire pour reculer que pour avancer, il n'osa point risquer de les offenser en se bouchant le nez; il passa en faisant le gros dos, encore plus qu'il n'en avait l'habitude.

» Ce dos courbé plut aux lupins, qui s'imaginèrent que c'était une manière de les saluer, et, comme ils n'ont pas l'habitude de voir les gens si honnêtes avec eux, ils en furent fiers et se mirent à tirer tous la langue et à remuer la queue comme des chiens; ce qui est apparemment aussi pour eux un signe de contentement et de fierté.

» Le tailleur essaya de raconter son aventure; mais tous ses voisins se moquèrent de lui, disant qu'il pouvait bien rencontrer le diable en personne et le faire fuir, vu qu'il était encore le plus vilain des deux.

» Comme notre bossu allait en journée à une métairie qui était à trois bonnes portées de fusil du village, et qu'il avait à revenir par le chemin qui longe le cimetière, il se sentit envie de coucher où il était. Mais le métayer lui dit en ricanant :

» — Non pas, non pas ! tu es un compère trop à craindre pour les femmes d'une maison, et je ne dormirais pas tranquille, te sachant si près de mes filles. Si tu as peur pour t'en aller, un de mes gars te fera la conduite. Bois un coup en attendant, car, quand ton aiguille s'arrête, ta langue trotte d'une façon divertissante et l'on a du plaisir à écouter ta *babille*.

» En effet, le bossu était beau diseur et plaisant. Le vin du métayer était bon, et notre homme s'oublia jusqu'à dix heures du soir en si bonne compagnie. Lorsqu'il fallut s'en aller, il ne se trouva personne pour le conduire, tous les gars dormaient debout, et, quant à lui, il se sentait si bien réconforté par la boisson, qu'il ne craignit plus de se mettre seul en route.

» Il arriva sans peur jusqu'au grand mur, se persuadant qu'il avait rêvé ce qu'il avait vu la veille, et regardant de tous ses yeux, avec la confiance que, éclaircis par le vin, ils ne verraient plus rien que l'ombre des arbres, jetée sur le mur blanc par la lune et agitée par l'air de la nuit.

» Mais il vit les lupins dressés debout contre le mur, absolument comme la veille.

» — Allons ! se dit le pauvre bossu, ils y sont encore ! Tant pis et courage ! S'ils ne me font pas plus de mal qu'hier, je n'en mourrai pas.

» Et il se mit à siffler une chanson, pensant que ces bêtes, ravies de l'entendre, se mettraient encore en frais de politesse avec lui, en tirant la langue et remuant la queue.

9.

» Mais ce sifflement, loin de les charmer, parut les inquiéter beaucoup, car l'un d'eux se détacha de la muraille, se mit à quatre pattes et, le suivant, encore qu'il marchât vite, le flaira à l'endroit où les chiens ont coutume de se flairer les uns les autres, pour savoir s'ils doivent être ennemis ou compagnons.

» Puis vint un second qui en fit autant, et un troisième, et un autre, et tous les uns après les autres; si bien que, ayant dépassé le mur, le tailleur avait toutes ces bêtes à ses braies, et, ne sachant point si elles le voulaient manger ou fêter, il sentait ses jambes flageoler sous lui, et *devenir molles comme des pattes de cousin.*

» On pense bien qu'il n'avait plus envie de siffler ni chanter.

» Cependant il avançait toujours, ayant ouï dire que ces bêtes ne quittaient pas la longueur du mur où elles avaient coutume de faire la veillée, et il n'avait plus qu'environ cinq ou six pas à franchir, quand elles se mirent toutes devant lui, debout, grondant, puant la rage, et montrant des crocs jaunes à faire lever le cœur.

» —Messieurs, messieurs, laissez-moi passer, dit le pauvre tailleur en détresse. Je ne vous veux point de mal, ne m'en faites donc point.

» Mais les lupins grognaient de plus belle, et même rugissaient comme des lions. Il semblait que la voix humaine les eût mis en grand émoi et en mauvaise colère.

» Tout à coup, le tailleur eut une idée :

» — Messieurs, fit-il, ne me mangez point! Je suis maigre et vilain, comme vous voyez! Si vous m'épargnez, je jure de vous apporter ici, demain, un mouton gras dont vous vous lécherez les babines.

» Aussitôt les lupins se remirent sur leurs quatre pattes sans mot dire, et le tailleur passa, toujours courant, sans regarder derrière lui.

» Il se jeta au lit, tout transi de peur, et eut la fièvre huit jours durant sans pouvoir sortir du lit, battant la campagne, et toujours s'imaginant voir des loups ou des chiens enragés après lui, si bien qu'on fit venir un soir M. le curé, pour tâcher de le tranquilliser.

» Mais, quand le curé l'eut confessé de sa peine et bien grondé d'avoir été si lâche que de promettre un bon mouton à ces sales diables, on entendit autour de la maison du tailleur des hurlements abominables, et tout le village put voir sur les murs de cette maison, non pas le corps des lupins, — ils n'eussent osé venir si près d'un lieu où était le curé de la paroisse, — mais leur ombre si bien dessinée, que les cheveux en dressaient sur la tête et que le sang en était glacé dans le cœur. On eût dit que cela passait en nuages sur la lune, et on les voyait remuer, sauter, gratter la terre et se mordiller les uns les autres, en figures aussi nettes qu'une image peinte, sur le pignon du tailleur, voire sur les maisons voisines.

» Et cela revint tous les soirs durant toute

la semaine, de quoi tout le monde, et mêmement M. le curé, fut très-effrayé.

» Pourtant le bossu, qui n'était pas bête, voyant qu'il y avait là de la diablerie et que les exorcismes de M. le curé ne pouvaient rien contre des apparences qui n'avaient point de corps, résolut d'attirer les lupins en personne au moyen d'un piége, et, dès qu'il fut en état de se lever, il se fit prêter un beau mouton gras qu'il attacha, le soir, devant sa porte. Puis, ayant prévenu le curé de se tenir là tout près avec son goupillon, et tous les voisins de se cacher sous le buisson de son jardin, avec leurs fusils bien chargés de balles bénites, il commença de faire bêler le mouton en lui montrant de la feuille verte, placée trop loin de lui pour qu'il y pût toucher.

» Alors, les lupins entendant cela, ne purent se tenir de quitter leur mur et de venir, à petits pas de loup, jusqu'en vue de la maison, où ils furent si bien reçus, qu'ils se sauvèrent tous, sauf une vieille femelle qui reçut une balle dans le cœur et tomba par terre en criant d'une voix humaine :

» — La lune est morte ! la lune est morte !

» On ne sut jamais ce qu'elle avait voulu dire, sinon qu'elle avait une lune blanche au front, et que, dans la bande, elle portait peut-être le nom de *la lune*. On lui coupa la tête et les pattes, qui ont été vues longtemps clouées sur la porte du cimetière de Saint-Bault, et où jamais les lupins n'ont osé reparaître depuis. »

CROYANCES ET LÉGENDES

DU CENTRE DE LA FRANCE [1]

Mon regretté voisin et ami, Laisnel, était, du temps que nous étions jeunes, un grand blond à figure douce, parlant peu, ne riant jamais tout haut, ayant toujours l'air de prendre en patience nos jeux bruyants, mais, par le fait, s'amusant de tout plus que personne et sachant entretenir notre gaieté par un sourire

---

1. *Croyances et Legendes du Centre de la France.* Souvenirs du Vieux Temps. Coutumes et Traditions populaires comparées à celles des peuples anciens et modernes. (Deux volumes, Chaix, 1875.)

sympathique accompagné de temps en temps d'un mot comique, excellent, qui, avec un merveilleux à-propos, résumait le sujet de nos rires ou de nos discussions. A première vue, personne n'eût fait attention à cette figure placide, insignifiante peut-être ou timide. Au bout de peu d'instants, un étranger eût été frappé de la justesse brillante et du comique profond que révélaient ses remarques monosyllabiques. Il se fût dit qu'il y avait là une intelligence supérieure qui se trahissait malgré elle et sans se connaître.

Laisnel disparut tout à coup de notre intimité pour n'y plus reparaître. Il se maria jeune et alla habiter avec sa femme une jolie maison de campagne, où il se créa un charmant jardin, à trois lieues de chez nous. J'y allai une fois et ne lui fis pas reproche de l'insurmontable paresse qui nous privait de ses visites. Il était ainsi fait, tout déplacement, toute dérogation à ses habitudes de travail ou de costume lui était insupportable. Il lui fallait la vie qu'il avait trouvée. Philosophe pratique à l'excès, il pensait que là où l'on est bien, il n'en faut pas sortir. Il n'y avait pourtant pas lieu à l'accuser d'égoïsme, il travaillait pour nous tous.

Je savais déjà qu'il s'occupait de recherches ardues et minutieuses. Il en avait publié quelques fragments dans un journal de la localité. Il les continuait avec la patience sereine qu'il portait en toute chose. J'ignorais, à sa mort, s'il avait complété son œuvre; peut-être même son excessive modestie l'eût-elle soustraite à la publicité. Mais voici que sa famille publie, par les soins sympathiques de M. Chaix, sous le titre de : *Croyances et Légendes du Centre de la France,* deux beaux volumes, dont le sous-titre, *Souvenir du vieux temps, Coutumes et Traditions populaires comparées à celles des peuples anciens et modernes,* définit et résume clairement tout le livre. C'est un sujet qui a été souvent traité dans diverses provinces ; mais, chose rare le livre tient ici parole à l'annonce et même au delà, car c'est une étude complète, achevée, immensément riche : c'est l'occupation de toute une vie fixée volontairement dans le milieu même de son sujet ; c'est un examen de tous les jours de tous les instants, aussitôt suivi de recherches dans le grand fonds de savoir que possédait l'auteur. Il était une des quatre ou cinq personnes lettrées qui connaissaient à fond le vrai parler du paysan de chez nous. Je ne saurais dire que, dans ces dernières années, il y en ait eu davantage et je ne sais s'il en existe encore autant aujourd'hui, car le paysan a oublié sa langue, et les vieux qui la parlaient purement ne sont plus.

Cela est fort regrettable ; le français du Berry était un français particulier, très-ancien et longtemps inaltéré. Il avait mille originalités et mille grâces qu'on ne retrouve point ailleurs, et certaines locutions heureuses et bizarres dont nous n'avons nulle part l'équivalent.

Laisnel de la Salle aimait tellement cette langue qu'il n'avait réellement tout son esprit que quand il s'en servait. Elle lui servit grandement, car c'est grâce à elle qu'il entra dans la véritable intimité du paysan et connut à fond toutes ses idées, toutes ses croyances, toutes ses légendes. Mais il ne voulut point faire œuvre de poëte ou d'artiste seulement; il voulut rattacher, par un lien historique, ces choses particulières au sol, à la grande famille des versions universelles sur les mêmes objets.

La notion que nous avons aujourd'hui de l'histoire des hommes a fait un grand pas en avant au siècle dernier. Le combat des philosophes contre la superstition avait relégué au rang des choses finies et méprisables tout le poétique bagage des croyances populaires, sans paraître se douter qu'il y avait là un gros chapitre essentiel dans l'histoire de la pensée. Grâce à l'école nouvelle dont MM. Littré, Renan et autres éminents écrivains nous ont révélé l'esprit, nous arrivons aujourd'hui à regarder l'histoire des fictions comme l'étude de l'homme même, puisque toute fiction est l'idéalisation d'une impression reçue dans un certain temps et dans un certain milieu historique. Plus on recule dans le passé, plus la fiction tient de place; à ce point même qu'elle est la seule histoire des premiers âges. Elle seule nous révèle cet homme primitif qui semblait doué de peu de raison, mais qui s'éveillait à la vie intellectuelle par une horrible et magnifique exubérance d'imagination. Grâce à cette faculté, l'homme n'a jamais été un sauvage proprement dit, puisqu'il n'a pu devenir *l'homme* qu'à la condition de porter en lui un idéal, d'autant plus démesuré qu'il était plus ignorant des lois de la nature. C'est dans ce sens que les prodiges et les miracles ne sont pas de simples impostures. Les hallucinés sont des types humains très-réels, et les merveilles du rêve sont encore des actes humains dont la suppression dans l'histoire anéantirait le sens de l'histoire.

Je ne dirai pas que la disparition de ces types et la perte de cette faculté de voir par les yeux du corps les fantômes de l'esprit, soient aujourd'hui regrettables. Si la poésie et la fantaisie y ont perdu, la conquête de la raison et de l'instruction est une assez belle chose pour que l'on se console. Telle est l'opinion de M. Laisnel et la mienne. Il n'en est pas moins urgent de dresser l'inventaire de ce merveilleux rustique, qui s'effacerait dans la nuit du passé, faute de poëtes et d'historiens, et ce travail, mené à bien, a une importance sérieuse que ne diminue pas le charme ou l'amusement des fictions dont il traite. Mais le complément du mérite de cet ouvrage, c'est la recherche des parentés de noms et de versions des légendes. Par ce travail approfondi d'un esprit ingénieux, attentif aux moindres rapports, Laisnel de la Salle a jeté une vive lumière sur les croyances, au premier abord folles et bizarres, du paysan du Centre. Il a su les rattacher pour la plupart aux anciens cultes de l'univers entier et leur restituer ainsi un sens logique dont elles semblaient dépourvues. Son livre est donc du plus grand intérêt pour les personnes instruites, non-seulement du Berry, mais de toutes les provinces et de tous les pays, car il n'est pas une de nos légendes qui n'ait ailleurs son équivalent sous un nom dérivé d'une source commune.

M. Bonnafoux, bibliothécaire de Guéret, a fait aussi des recherches intéressantes sur les superstitions de son département, et le Berry a eu déjà dans ce siècle-ci ses fidèles colligeurs de légendes : c'est un exemple à suivre partout, et il faut qu'on se dépêche, car les vieillards dépositaires de ces fictions s'en vont : les morts vont vite, et la jeunesse d'à présent ne voit plus errer dans la brume des soirs d'automne les *gnomes*, les *fades*, les *marses* ou *martes*, les *odets* ou *odins*, les animaux fantastiques des Celtes, des Grecs, des Romains, des Indiens et des Saxons.

LA REINE MAB

BALLADE

Chasseur, sur cette plaine
Que vois-je donc venir?
Dans la nuit incertaine
Qui peut ainsi courir?
Quelle rumeur profonde
S'élève dans les airs!
Est-ce du sein de l'onde
Que partent ces concerts?

Ces vivantes nuées,
Ami, c'est le sabbat ;
Des follets et des fées
C'est l'essaim qui s'abat.
Ils escortent leur reine,
Mab, aux cheveux dorés,
Dont le pied courbe à peine
L'herbe fine des prés.

Vois-tu, c'est la plus belle
Parmi les fils de l'air.
Plus d'un barde pour elle
Souffre un tourment amer.
Crains qu'elle ne te montre
Seulement son pied blanc ;
On songe, à sa rencontre,
A se signer, tremblant.

A son regard perfide
Ne va pas t'exposer.
Ici bas, la Sylphide
Ne saurait se poser.

Pétulante et menue,
L'air est son élément ;
Elle enfourche la nue
Et chevauche le vent.

Quand la lune se lève,
Sur le pâle rayon
Elle vient comme un rêve,
Dansante vision.
Le duvet que promène
Le souffle d'un lutin
Est le char qui l'emmène
Au retour du matin.

Au bord des lacs humides,
Dans la brume des soirs,
De ses ailes rapides
Effleurant les flots noirs,
Sur un flocon d'écume
Que le vent fait voguer,
Molle comme une plume,
Elle aime à naviguer,

Lorsqu'à grand bruit l'orage
Court sur le bois flétri,
La fleur d'un lis sauvage
Souvent lui sert d'abri ;
La tempête calmée,
Elle prend son essor,
Et s'envole embaumée
D'une poussière d'or.

Au nid de l'hirondelle
Qui pend sous le rocher,
Parfois, pliant son aile,
On la voit se cacher ;
Puis, s'élançant comme elle
Sur les flots en fureur,
Rire à la mer cruelle,
Où sombre le pêcheur.

En vain de son passage
Sur l'Océan vermeil
J'ai cherché le sillage
Au lever du soleil :

La grève de sa trace
Ne peut rien retenir ;
D'elle, hélas ! tout s'efface,
Tout hors le souvenir !

Le pieux solitaire
A cru souvent, la nuit,
Voir sa forme légère
Glisser dans son réduit ;
Mais, loin qu'il l'exorcise,
A son regard si doux,
Pour un ange il l'a prise,
Et s'est mis à genoux.

Du chasseur téméraire
Elle égare les pas,
Et rase la bruyère
En lui tendant les bras ;
Sur la mare trompeuse,
Qu'elle effleure sans bruit,
Elle l'attend, moqueuse,
L'y fait choir et s'enfuit.

Mais, dit-on, la diablesse,
Soit caprice ou remords,
Parfois d'une caresse
Tient en suspens la mort.
Eh bien, Mab est si belle
Qu'on me verrait courir
Après un baiser d'elle,
Quand j'en devrais mourir !

LA FÉE QUI COURT

FABLE

Je rencontrai l'autre jour une bonne fée qui courait comme une folle malgré son grand âge.

— Êtes-vous si pressée de nous quitter, madame la fée?

— Ah! ne m'en parlez pas, répondit-elle. Il y a quelques centaines d'années que je n'avais revu votre petit monde, et je n'y comprends plus rien. J'offre la beauté aux filles, le courage aux garçons, la sagesse aux vieux, la santé aux malades, l'amour à la jeunesse, enfin tout ce qu'une honnête fée peut offrir de bon aux humains, et tous me refusent. « Avez-vous de l'or et de l'argent? me disent-ils; nous ne souhaitons pas autre chose. » Or, je me sauve, car j'ai peur que les roses des buissons ne me demandent des parures de diamants et que les papillons n'aient la prétention de rouler carrosse dans la prairie!

— Non, non, ma bonne dame, s'écrièrent en riant les petites roses qui avaient entendu grogner la fée : nous avons des gouttes de rosée sur nos feuilles.

— Et nous, disent en folâtrant les papillons, nous avons de l'or et de l'argent sur nos ailes.

— Voilà, dit la fée en s'en allant, les seules gens raisonnables que je laisse sur la terre.

LE RUISSEAU

APOLOGUE

— Où vas-tu, heureux ruisseau? Pourquoi te presses-tu de fuir devant moi, toujours devant moi, sans t'arrêter pour me répondre?

— Pourquoi veux-tu le savoir, demoiselle curieuse? Amuse-toi à voler de feuille en feuille sur ce lotus qui fleurit sans s'inquiéter du flot qui le berce ou du vent qui l'agite.

— Où cours-tu, demoiselle agile? Pourquoi

voler de feuille en feuille sans t'arrêter jamais pour me répondre?

— Pourquoi veux-tu le savoir, lotus frissonnant? Contente-toi de baigner tes pieds dans le sable fin qui dort sans demander aux cailloux pourquoi le ruisseau fuit et pourquoi le vent passe. Ainsi parlait la demoiselle au ruisseau et le lotus à la demoiselle. Ainsi répondait le ruisseau à la demoiselle et la demoiselle au lotus.

Le sable ne demanda rien aux cailloux. En eux la vie était inerte et la volonté nulle. Le ruisseau les dérangea souvent, et ils ne s'en plaignirent pas. Ils n'ont même pas su qu'ils avaient changé de place.

Le ruisseau emporta plus loin encore les fleurs et les feuilles de la plante où l'insecte s'était endormi. Tous se perdirent au loin, bien loin, dans les grandes eaux où tout s'abîme et s'efface. Le ruisseau lui-même perdit, au sein des vastes mers, et son doux nom, et son cours gracieux et la qualité de ses ondes limpides.

Qu'importe? Le ruisseau, toujours renouvelé à sa source, continue toujours son gai voyage, toujours pressé d'arriver au but, toujours fier d'y courir. Le lotus a laissé sa graine dans le limon, l'insecte y a caché sa larve. L'un repousse, l'autre renaît à chaque printemps, toujours pressé de vivre, toujours fier de mirer sa beauté dans les ondes.

Le sable n'a rien fait que de s'agglomérer en cailloux, et les cailloux n'ont rien fait que de s'égrainer en sable.

L'égoïste parle comme le ruisseau qui conseille à l'insecte de rester sur la plante, et comme l'insecte qui conseille à la plante de rester dans le sable.

L'intensité de la vie est le but de l'homme, sa jouissance, sa valeur et sa gloire. Il doit courir comme l'onde, fleurir comme la plante, féconder comme l'insecte. L'homme que l'on réduit au métier de caillou et que l'on écrase comme le sable, n'a pas même le triste bonheur d'être insensible.

Il reste assez homme pour envier la plante, l'insecte et le ruisseau qui courent, s'agitent et se renouvellent.

FANCHETTE

LETTRE DE BLAISE BONNIN A CLAUDE GERMAIN[1]

La présente, mon cher parrain, est pour vous remercier de la vôtre, et vous donner des nouvelles de notre santé. Tant qu'à nous, nous sommes assez bien, Dieu merci ; et les fièvres ont épargné toute notre couvée, cette année, malgré la mauvaise qualité du temps d'été, qui faisait trembler le pauvre monde et grouiller d'aise la poche des médecins. Les petits enfants de chez nous ne vont pas pire que les grands ; et la grand'mère, votre commère,

1. Publiée dans la *Revue indépendante*.

comme vous l'appelez, sauf qu'elle entend un peu plus gros [1] que l'an passé, a encore bonne envie de vivre, grâce au bon Dieu. La moisson n'a pas été si pire qu'on pouvait le craindre ; mais, tant qu'à la vendange, il ne faut pas parler de huit bœufs, ni de six, ni de quatre, ni tant seulement de deux, pour la rentrer ; l'âne à Jarvois amènera le tout dans un panier. Sur l'article de la boisson, faudra se serrer le gosier, ce qui vaut mieux que de se serrer l'estomac sur l'article du pain. Mais le meilleur des deux ne vaut rien ; et, d'une chose ou d'une autre, le pauvre monde peut bien compter qu'il n'a pas fini de pâtir. Le plus sage serait de se priver : avec cela qu'on a de quoi s'y accoutumer ! Ça nous est facile à dire quand nous ne sommes pas des plus gênés. Aucuns prêchent la tempérance ; et M. le curé, dont la cave n'est pas tarie, saura bien nous dire des paroles là-dessus ; mais le

---

1. Sauf qu'elle est un peu plus sourde.

plus grand nombre répond que, quand le vin manque, le courage est bien malade et le nerf bien relâché.

Et puis ce n'est pas là encore le pire de l'affaire. Ceux qui ont du courage s'en servent, et, s'ils crèvent à la peine, ça les regarde, comme dit l'autre. Ceux qui ne veulent pas abuser de leurs membres, et qui aiment à se réjouir un peu le cœur le dimanche (m'est avis qu'il y en a beaucoup de cette opinion-là, et qu'ils n'ont pas mérité la corde pour choyer un tant soit peu le vin gris de la côte), ceux-là, je dis, ne comprendront guère les raisons de M. le curé, et iront frapper, comme de coutume, à la branche de houx. Croyez-vous, mon parrain, que les cabarets seront vides cette année, que les brocs seront cassés, et que les araignées fileront leur toile dans les futailles? Oh! que nenni! Il y aura du vin comme à l'ordinaire, et peut-être pas beaucoup plus cher qu'à l'ordinaire; car il faut bien que tout le monde y vienne, et le cabaret ne peut pas plus se passer de la petite monnaie du gueux que le gueux ne peut se passer de la piquette du cabaret. Reste à savoir quelle piquette ce sera, et quel vin coulera dans nos tasses de grès. Issoudun n'a pas gelé, et Issoudun nous enverra ses gros vins noirs, qui rendent lourd et triste le paysan de chez nous, habitué à son clairet égrillard. Il est vrai que les cabaretiers y mettront bon ordre, et qu'avec une pièce de vin issoudunois ils en feront bien dix; le reste sortira de chez le droguiste; la couleur sera belle, et le montant n'y manquera pas. Personne n'y perdra, si ce n'est que la santé pourra bien en souffrir, et que les grosses maladies pleuvront dru comme mouches, au retour du printemps.

Vous me direz que l'hôpital fera ses affaires, c'est-à-dire le salut des saintes âmes qui amassent en bonnes œuvres des rentes pour le paradis. Vous qui avez pris à fermage, pendant quinze ans, un lot des terres de l'hospice, vous savez, mon parrain, qu'il y a là, pour le soulagement des nécessiteux, dix-huit cents ou deux mille bonnes pistoles de revenu au soleil. Mettons seulement quinze mille livres par chacun an : c'est bien de quoi assister les plus malheureux du canton. Mais demandez-moi quelles gens de la campagne ont jamais été franchement assistés à la ville avec cette fortune-là, je serai très-empêché de vous le dire. L'hospice a toujours ses six lits, comme du temps où vous l'avez vu, ni plus ni moins. Avec mille pistoles de revenu, est-ce qu'on ne pourrait pas entretenir au moins vingt lits? Ça commencerait à compter; il resterait encore assez du susdit revenu pour monter une salle d'asile, alimenter les trois nonnes qui sont censées *sœurs de charité*, faire même quelques bâtisses, puisque l'administration tient à honneur de faire danser ses six couchettes dans un palais; enfin payer la messe à M. le curé, qui ne veut pas la dire aux malades à moins d'un écu. La cherté est partout; et messieurs nos desservants ne s'en tiennent pas à leur tarif.

Pour en revenir à notre hospice, nous avons eu grand'peine à y faire rester ce pauvre diable de Daudet, qui était revenu du service avec la poitrine défoncée par les pieds des chevaux dans une manœuvre. On n'en voulait pas, on le renvoyait d'Hérode à Pilate; et il a fallu la croix et la bannière pour qu'on ne le mît pas sur le pavé. Mais ça n'est rien ou pas grand'chose. Un homme qui ne peut pas gagner sa vie, parce qu'il a les côtes brisées, ça ne vaut pas la peine d'en parler. Nous en avons vu de meilleures; et, puisque vous me demandez ce que c'est qu'une histoire d'enfant perdu que Lorrain vous a embrouillée; puisque aussi bien, mon parrain, vous êtes quasi de l'hospice, et que vous vous intéressez toujours aux manigances de là dedans, je vais vous en régaler tout au long.

En mars dernier, à l'époque des semences, une jeunesse d'une quinzaine d'années, assez jolie, et dans une livrée de misère, s'est trouvée comme tombée d'en haut, au droit du pré Burat, à deux pas de la ville. Il y avait trois jours qu'elle vaguait par là, sans que personne pût dire à qui elle était, et sans qu'elle pût le dire elle-même, la pauvre âme. Il paraît que sa mère, qui n'a pas pu lui donner du pain, n'a pas eu non plus le moyen de lui donner une langue pour en demander. Ça raisonne à peu près comme ma serpe, ça n'a pas plus de connaissance qu'un cabri, et c'est muet comme une pierre; ça entend, mais ça ne peut pas dire un mot; ça paraît ne pas se rappeler de la veille, et ne pas s'inquiéter du lendemain. Enfin, ça n'est bon à rien; et, pour celui qui ne pense qu'à la vie d'aujourd'hui, mieux vaudrait trouver une caille dans son pré qu'une innocente comme celle-là à sa porte.

Cependant ça n'est pas méchant, un enfant

comme ça ; ça n'a pas fait de mal, ça n'en pourrait pas faire. Comment ça pourrait-il mériter la mort? Qu'est-ce qui voudrait se charger de débarrasser la terre de tout ce qui s'y trouve d'inutile? Ça n'est pas moi, j'aurais trop d'ouvrage.

Si ça n'a pas mérité la mort, ça a donc droit à la vie? Suivez mon idée, parrain. C'est-à-dire, ça a droit à du pain, à des habits, à un couvert, à des soins, à la charité, pour tout dire. Si l'État n'a pas le moyen de recueillir les idiots et les infirmes, il faut donc qu'ils nous retombent sur les bras, à nous autres pauvres gens. Car nous ne voulons pas les laisser mourir à notre porte; et, s'il y aurait grand'honte à cela, c'est que sans doute il y aurait grand mal. Mais nous avons bien de la peine à joindre les deux bouts quand nous sommes valides, et même le plus grand nombre d'entre nous ne les joignent pas du tout. Quand nous pouvons garder chez nous nos vieux, nos malades

et nos infirmes, c'est que nous sommes déjà
un peu riches. Et quand nous ne le pouvons
pas, voyons! qu'est-ce qu'il faut faire? qu'est-
ce qu'il faut devenir? Il y a un gouvernement
ou il n'y en a pas. Je veux qu'on me réponde
moi, Blaise Bonnin; j'ai le droit de demander
le fin mot de la loi; car je suis adjoint de ma
commune, et j'espère bien passer maire un
jour ou l'autre. On me répond qu'il y a des
fonds départementaux destinés à ne pas laisser mourir ceux qui ne peuvent pas se faire
vivre. C'est bien court, à ce qu'il paraît; mais
enfin il y en a. Qu'on s'en serve donc! Et, si
on ne s'en sert pas, si on les fait administrer
par des gens qui ne savent pas ou qui ne veulent pas s'en servir, à qui nous plaindrons-
nous? à qui demanderons-nous justice

Ma femme, qui n'est point sotte, comme vous
savez, et qui a un cœur superbe [1], me disait
comme ça en voyant cette jeunesse dehors,

1. Excellent, généreux.

sans feu ni lieu, que, si le gouvernement ne s'en mêlait pas, elle voulait faire honte au gouvernement, elle, Jacquette, et prendre l'enfant à sa charge, dût-elle tremper la soupe plus maigre à ses propres enfants.

— Attends donc un peu, femme, que je lui disais; si ça continue, il faudra le faire, mais ça ne peut pas continuer.

— Et, en attendant, disait Jacquette, Dieu sait ce qui peut arriver d'une pauvre jeunesse comme ça qui commence à avoir l'air de quelque chose, et qui ferait le mal sans connaître sa main droite de sa main gauche.

Si bien que j'allais chercher la petite, quand un jeune médecin de l'hospice vient à passer, et la trouve au milieu d'une bande d'enfants du faubourg qui jouaient avec elle comme avec une guenille, et la tiraillaient vilainement pour la faire parler. A quoi la pauvrette ne savait que pleurer et marmotter des quarts de mots que personne ne pouvait comprendre plus que paroles de brebis. Ce digne jeune homme s'informe et l'emmène à l'hospice. Vous croyez qu'on l'accueille, qu'on la soulage et qu'on la console? Point. Un enfant perdu, c'est pourtant quelque chose, et m'est avis que, si je n'avais chose à faire en ce monde que de prier Dieu et de servir les pauvres, je recevrais en bonne part tout ce que Dieu m'enverrait. Pas moins, on refuse l'enfant. Il est trop bête, il est trop abandonné, il faudrait en avoir trop de soin, ça ne nous regarde pas : nous ne nous mêlons pas des idiots, nous ne recevons pas les vagabonds. Oui-da, prenez-vous l'hôpital pour une maison de fous, ou pour un dépôt de mendicité? Vous nous la baillez belle! Le médecin insiste. Il donne un certificat de maladie à l'enfant, et voilà Fanchette (on lui a donné ce nom-là) reçue à l'hôpital, un peu malgré tout le monde.

Elle s'y plaisait fort, elle s'y occupait autant que son pauvre esprit le lui permettait; elle était douce, et se trouvait heureuse de jouer avec les autres petites filles que les religieuses instruisent. Ces enfants-là l'aimaient et ne la tourmentaient pas. Quand on lui mettait un petit béguin plissé, elle se croyait aussi parée qu'une reine; et, quand on la menait à la messe, elle ouvrait de grands yeux, et trouvait cela si beau, qu'elle n'eût jamais voulu en voir la fin. Je ne sais pas s'il y a un règlement qui défendait à l'hospice de garder cette pauvre créature du bon Dieu; mais, quand même ça aurait été un abus de la garder, m'est avis qu'il y a tant d'autres abus plus mauvais dans ce monde, et peut-être même dans l'hôpital!

Ce qu'il y a de sûr, c'est qu'on ne voulait pas l'y garder. On en écrit à M. le préfet, et M. le préfet alloue, sur les fonds départementaux destinés aux aliénés, une petite somme pour l'entretien de Fanchette, sous la surveillance de l'hospice. On remet Fanchette à une de ces femmes qui prennent les enfants trouvés en pension. Mais Fanchette pouvait-elle comprendre que son devoir était de rester là? Elle n'y comprit rien. Elle décampa au bout d'une heure et revint trouver les petites filles, les bonnes sœurs et la belle grand'messe. On la renvoie chez la vieille, et, le soir, Fanchette de déguerpir et de rentrer à l'hospice. On essaye encore trois, quatre fois, peut-être plus : c'est peine perdue; Fanchette court à l'hôpital comme les autres s'en sauvent. Force sera de la garder tout à fait.

— Or ça, dit la supérieure, que ferons-nous de cette Fanchette qui nous gêne et nous ennuie fort?

— Oui-da! dit quelqu'un ; c'est bien simple : c'est un enfant qu'on est venu perdre exprès, on ne sait d'où, aux portes de l'hospice; c'est un sot cadeau qu'on nous a fait là.

— C'est une méchante niche de quelque autre congrégation, dit la sœur.

— Eh bien, reprend l'orateur du conseil (la plus forte tête de l'endroit, bien sûr), il faut la remettre où vous l'avez prise, sur la voie publique. On l'avait perdue, perdez-la. Elle est venue du bon Dieu, qu'elle retourne au bon Dieu.

— *Amen!* firent les bonnes sœurs.

Aussitôt fait que dit.

— Fanchette, veux-tu aller à la messe ?

Fanchette saute de joie.

— Tiens, mets ton bonnet des dimanches. La servante va te conduire.

Qui fut bien contente ? ce fut Fanchette. Il faisait grand jour; on ne pouvait pas la perdre au vu et au su de tout le monde. On lui fait traverser la ville, et celle qui la conduisait, n'y entendant peut-être pas malice, lui disait en passant devant les portes des maisons où elle connaissait du monde :

— Allons, Fanchette, dis donc adieu à Marguerite; dis donc adieu à Catherine.

Fanchette, qui de tout était contente, faisait signe de la tête et de la main, ne pouvant mieux dire, et s'en allait toujours à la messe, bien fière d'avoir un bonnet, et ne se tourmentant pas d'aller si loin chercher l'église des Capucins. Cependant, les petites filles se disaient, sur le pas des portes, car il y a toujours une providence pour avoir l'œil ouvert sur les mauvaises actions :

— Tiens! Fanchette s'en va donc? Adieu, Fanchette; bon voyage!

A la sortie de la ville, Thomas Desroys, le conducteur de la patache d'Aubusson, reçut Fanchette, qui monta sans défiance, toujours plus contente d'aller à la messe en voiture.

— C'est drôle tout de même, se disait Thomas Desroys, de faire perdre comme ça un enfant. On m'a donné hier cinquante sous pour perdre un chien; aujourd'hui, voilà cent sous pour perdre une fille. Si la moitié de la ville voulait s'arranger avec moi pour faire perdre l'autre, ça ferait assez mes affaires.

La nuit venue, Thomas Desroys, fidèle à sa

consigne, arrête sa patache à Chaussidon, un endroit tout désert, dans la Marche, à deux lieues d'Aubusson.

— Fanchette, nous voilà à la messe; descends vite pour voir passer les prêtres.

Fanchette descend en confiance. Thomas Desroys remonte, fouette ses chevaux, et laisse Fanchette toute seule, au milieu de la nuit, sur un chemin, sans un sou vaillant, avec ses quinze ans, pas de langue pour parler, mais bien avec ses pauvres yeux pour pleurer.

Au bout de quelque temps, le jeune médecin qui avait recueilli la pauvre innocente s'étonne de ne point la voir, et demande ce qu'elle est devenue.

— Elle est par ici, elle est par là; vous la verrez tantôt, un autre jour.

Il fallut pourtant bien s'expliquer. Les petites filles de la rue des Capucins se souvenaient d'avoir dit adieu à Fanchette, et ce n'est pas bien aisé d'empêcher les petites filles de causer.

La servante n'avait peut-être pas, d'ailleurs, la conscience bien tranquille, ni Thomas Desroys non plus. Tout fut avoué, et les religieuses mêmes, pensant que Fanchette était bien perdue, ne se gênèrent pas trop pour en convenir.

Sur ces entrefaites, notre maire, qui est aussi notre député, comme vous savez, arrive de Paris. Instruit par la clameur publique, il veut interroger et connaître les coupables. Personne ne se soucie de répondre; car on commence à comprendre que ce n'est pas si joli de perdre un enfant sur un chemin, et que, si un pauvre avait fait pareille drôlerie, on pourrait bien parler des galères pour lui apprendre à vivre. Mais le maire insiste, et va aux preuves. Enquête est dressée, d'où il résulte que Thomas Desroys a reçu, de ses supérieurs, ordre de perdre une petite fille; que lesdits supérieurs, maîtres de poste et entrepreneurs de diligence, ont donné cet ordre, à la requête de la supérieure de l'hospice, laquelle en a reçu le conseil des membres les plus influents du conseil d'administration. Les gens de la poste disent qu'ils ont trouvé la commission désagréable, mais que la supérieure a levé leurs scrupules en leur disant que l'enfant ne serait pas inscrit sur la feuille de départ des voyageurs. La supérieure dit qu'elle n'eût pas pris l'affaire sur elle, si son administrateur ne le lui eût grandement conseillé. Les autres membres du conseil disent que c'est une misère; qu'il est ridicule de relever une pareille affaire; que c'est vouloir faire du scandale, chercher à déconsidérer des gens respectables, vu qu'ils sont riches et ont la main longue; qu'enfin ils sont résolus à s'en taire, dans l'intérêt des mœurs, et pour la plus grande gloire de Dieu. Le conseiller, le père de l'idée, fait celui qu'on outrage et qu'on calomnie. Il menace de faire du train, de déshonorer la mairie. Notre maire, qui n'en a cure, poursuit l'enquête. Il n'y a que Thomas Desroys qui n'y mette pas tant de façons : — il a reçu cinquante sous de plus que pour le chien.

D'une main, le maire pousse à la réparation de la justice, et l'on pourrait bien dire, sans trop s'avancer, que c'est la justice de Dieu qui est en cause dans cette affaire-là ; de l'autre main, il fait chercher Fanchette ; mais Fanchette a été si bien perdue, que, depuis tantôt trois mois, on n'en a pas eu de nouvelles. Personne n'en a ouï parler à Aubusson. On écrit de tous les côtés, pas plus de Fanchette que de poursuites contre l'hospice. Le procureur du roi et le sous-préfet ont reçu la plainte, et ne disent mot. Tous les honnêtes gens de la ville (vous savez, parrain, que les riches et les gens en place portent ce nom-là depuis la Révolution) disent qu'il faut cacher ça.

Oh! si vous ou moi, ou mon voisin Jarvois, ou Marcasse, en eussions fait tant seulement la moitié, il n'y aurait pas assez de gendarmes, assez de geôliers, assez de témoins, assez de jugements, assez de lois, assez de prisons pour nous prendre, nous condamner et nous châtier. Je ne dis pas que ce serait mal fait; mais peut-être que ce n'est pas bien fait non plus de ménager tant les uns, quand on houssine si bien les autres. Je ne suis pas tracassier, je ne veux de mal à personne; je sais bien que, quand on punirait tous les méchants, on ne rendrait pas l'honneur et la vie à ceux qui les ont perdus par leur fait : mais, enfin, je me sens la tête un peu échauffée et le cœur plus gros qu'il ne faut pour l'avoir léger, quand j'entends dire qu'on doit cacher les fautes de ceux que rien n'arrête. Puisqu'il n'y a pas de justice pour eux, à la bonne heure ; mais on ne peut pas nous empêcher de blâmer, et, mordienne! je blâmerai jusqu'à mon dernier jour ceux qui font perdre un enfant comme un chien.

Tant qu'à Fanchette, Dieu en aura-t-il eu plus de pitié que l'hospice? Il est dit qu'à brebis tondue Dieu ménage le vent. Mais, la nuit, dans les brandes, il y a bien des marécages où un enfant qui n'a pas pour deux liards de connaissance peut se noyer. Sans compter qu'il y a encore pire la nuit sur les chemins. Il y a de mauvaises gens qui, en trouvant là une fille de quinze ans toute seule, ne lui demandent ni son extrait de naissance ni ses autres certificats pour la mettre à mal. Vous voyez bien le sort de Fanchette? Eh bien, faites-vous une idée de Fanchette devenant mère, et figurez-vous un peu maintenant le sort de l'enfant que Fanchette mettrait au monde! Non, ça n'est pas bien d'avoir livré Fanchette aux vagabonds du chemin, et aux loups de la brande. Ça n'est pas chrétien, ça n'est pas humain; c'est peut-être administratif, je n'en sais rien; mais je ne voudrais pas l'avoir fait, quand même on me donnerait quinze mille livres de rente, et le titre de maire par-dessus le marché. Ma pauvre femme en pleure de honte, et elle m'en veut de n'avoir pas été chercher Fanchette au pré Burat avant qu'on l'ait conduite à l'hospice.

Votre commère en lève sa béquille de colère, et dit qu'il faut vous conter ça.

L'administrateur de l'hospice qui a donné ce joli conseil avait ici une bonne place du gouvernement. Tout au milieu de cette belle affaire, que le gouvernement ait su ou n'ait pas su son fait, on l'a retiré d'ici pour l'envoyer dans une autre ville, comme receveur particulier des finances, avec de l'avancement, s'il vous plaît, deux ou trois mille livres de profits de plus sur sa charge, à ce qu'on dit.

Et pour nous, bonnes gens, la morale de la chose est que, si nous ne réussissons pas à élever nos enfants, si nous mourons à la peine, si nous en laissons d'infirmes ou en bas âge sur les bras de la charité publique, à la porte des hospices, voilà les appuis qu'ils trouveront dans ce monde ; voilà comme les administrations de la prévoyance publique veilleront à leurs besoins ; voilà comme les congrégations chrétiennes veilleront sur leurs mœurs. Dieu du ciel et de la terre ! cela ne fait-il pas dresser les cheveux sur la tête?

Par ainsi, mon parrain, je prie Dieu de vous avoir en sa sainte et digne garde, ainsi que toute votre famille, et qu'il vous reçoive au ciel droit comme une gaule. Quant à ceux de l'hospice, on peut bien leur promettre, comme dit l'autre, qu'ils iront droit comme une faucille.

BLAISE BONNIN,

Laboureur, adjoint à Montgivret, près La Châtre (Indre).

COMMUNICATION AU RÉDACTEUR EN CHEF DE LA REVUE INDÉPENDANTE.

Chargé par mon voisin Blaise de faire passer cette lettre à son parrain Claude, et prié par lui d'en corriger les fautes d'orthographe, j'ai pensé, mon cher monsieur, que l'histoire révoltante et douloureuse dont elle contient le récit ingénu ne devait pas rester enfouie dans la correspondance de ces deux campagnards illettrés et, à coup sûr, fort mal placés pour lui donner la publicité qu'elle réclame. Frappé de cette anecdote à peine croyable, j'ai voulu aller aux preuves, et j'ai acquis la certitude qu'elle était si exactement vraie, que je pouvais m'en faire l'éditeur responsable.

J'ai reproché à mes amis, témoins quasi oculaires de tous les faits, de n'avoir pas demandé à l'opinion publique la justice que les tribunaux semblaient refuser à ce crime de lèse-charité et de lèse-humanité. Ils m'ont répondu que leur déclaration avait été rédigée et envoyée au *Siècle* et à deux autres journaux qui avaient dédaigné de l'insérer, et au *National*, qui l'avait insérée, tronquée et affaiblie, en présentant, sous la forme du doute, ce qui était affirmatif. Je conçois la répugnance d'un journal à endosser la garantie d'un fait si étrange, si révoltant et si invraisemblable, et je sais que la vie de Paris et les préoccupations de la presse quotidienne ne laissent guère de place aux soins d'un plus ample informé. Je conçois également les répugnances de mes amis de La Châtre à poursuivre d'une si terrible accusation les représentants d'une opinion qui leur est hostile : non que l'égide de la doctrine conservatrice fût pour eux un épouvantail ; mais, en province, on est facilement soupçonné de rancune particulière et de prévention personnelle, sur le terrain dangereux des opinions politiques. Je suis tellement en dehors des partis, les conservateurs et les fonctionnaires de ma province me sont tellement inconnus; je suis si étranger, en un mot, à toute amertume, à toute discussion, à tout ressentiment, que, s'il me fallait citer les noms des coupables, je serais forcé de les prendre par écrit; je ne les connais pas, ou je les ai oubliés. Dans cette position, j'ai assumé, sans scrupule, sur moi seul le devoir de révéler de nouveau à l'opinion publique les faits inouïs dont témoigne un procès-verbal d'enquête dressé par le commissaire de police et déposé à la mairie de la ville. Trois mois se sont écoulés sans que le procureur du roi ait encore voulu donner suite à cette enquête, et le sous-préfet est resté jusqu'à présent impassible devant des faits dont le contrôle cependant lui appartient aussi.

De tous nos magistrats, M. Delaveau, maire et député de La Châtre, a seul fait son devoir, mais non entièrement encore ; car lui seul est en position de demander réparation pour la morale publique outragée ; et nous comptons bien qu'il ne se contentera pas des explications des membres du bureau de l'hospice, dont l'avis général a été d'étouffer l'affaire. Ce magistrat honorable et ces citoyens trop timorés reconnaîtront que leurs véritables devoirs ne sont pas le respect des personnes, mais celui des mœurs et de la foi publique. Les membres du bureau de l'hospice, recrutés probablement parmi des personnes réputées intègres et recommandables, auraient de graves reproches à se faire s'ils acceptaient la responsabilité du rapt de Fanchette. Plusieurs de ces citoyens, peut-être tous, sont pères de famille. Quelle serait leur terreur si, frappés de ces désastres qui font tache dans les familles, ils trouvaient dans le public le même dédain pour leurs plaintes, le même mépris pour leurs douleurs, la même tolérance pour les ravisseurs de leurs enfants! Qu'ils ne se fient point trop sur ce qu'une certaine position de considération et de fortune les met à l'abri de malheurs analogues. Il y a des malheurs comparés qui n'en sont pas moins graves; il y a des rapprochements qu'on dirait être des châtiments célestes.

D'autres personnes encore sont en cause dans cette aventure. Un soupçon pénible, et peut-être un blâme sévère, pèse sur les entrepreneurs des diligences. Mais on a peine à croire que, pour commettre un crime, on puisse réunir si aisément et si gratuitement tant de complices. Il faut donc que ces entrepreneurs aient été trompés. On a dû leur faire croire que la malheureuse Fanchette avait l'intelligence nécessaire pour se tirer des dangers auxquels on l'abandonnait; on a dû invoquer, pour vaincre des répugnances dont l'aveu est consigné dans l'enquête, des ordres supérieurs. Il y a eu dans tout cela je ne sais quelle trame honteuse qu'il appartiendrait aux débats de dévoiler, et que les accusés secondaires auraient intérêt, sans doute, à révéler à la justice.

Quant à moi, je suis assez du caractère de Blaise Bonnin : comme lui, peu amateur de châtiments matériels, je crois davantage à l'effet des sentences de l'opinion sur de telles matières ; et, quoique je haïsse ce rôle d'exécuteur des hautes œuvres morales, quoique je ne le sente fait à ma taille en aucune façon, je l'accepterais sans hésiter, si j'avais mandat pour le faire.

Certain de trouver dans votre *Revue* autant de courage et d'impartialité qu'il m'en faut à moi-même pour remplir ma triste mission, je vous confie la publication de cette courte et trop véridique histoire, tout en vous demandant pardon d'entretenir vos lecteurs, aujourd'hui, d'un roman si peu poétique et si peu agréable.

Je vous en fournirai cependant le dénoûment.

Avant-hier, une lettre de la mairie de Riom (Cantal) a donné avis à la mairie de La Châtre de la réapparition de la pauvre Fanchette sur la scène sociale. Elle a été reconnue sur son signalement, et arrêtée au milieu d'une troupe de bateleurs ambulants, dont elle avait l'honneur de faire partie. On la renvoie à l'hospice de La Châtre, *de brigade en brigade*, c'est-à-dire de prison en prison, sur quelle litière et dans quelle compagnie, hélas! N'y a-t-il pas des destinées qui serrent le cœur? et l'auteur ingénieux et généreux des *Mystères de Paris* a-t il exagéré l'horreur des misères et des humiliations du pauvre et du déshérité? Dans quel état de souillure et d'abjection l'infortunée Fanchette va-t-elle être ramenée chez les sœurs de l'hôpital? Le venin de la prostitution n'est-il pas déjà dans les veines de cette créature innocente dans l'infamie, puisqu'elle est privée de la connaissance du bien et du mal?

Dira-t-on que chacun doit se garder soi-même

et que la société n'a point de devoirs à remplir envers ceux qui ne comprennent pas la notion du devoir? Non, personne ne le dira. Il n'est pas une mère, dans ces heureuses classes où l'honneur est si précieusement gardé et la pudeur si tendrement protégée, qui ne sente son cœur ému de douleur et d'indignation à l'idée des misères de Fanchette. N'y a-t-il pas aussi quelque réflexion à faire, après toutes celles que le dix-huitième siècle et le nôtre ont formulées sur l'immoralité du célibat, à propos de la conduite inhumaine de la supérieure de l'hospice? Pour qu'un tel conseil puisse être accueilli dans le sein d'une femme vouée par vocation, peut-être, et par habitude, sans doute, aux œuvres de charité, il faut l'inspiration secrète d'une perversité maladive ou l'âcreté chagrine d'une de ces aversions de femme à enfant, comme il s'en rencontre surtout chez les vieilles filles.

Au milieu d'un tel abandon de toutes les

protections naturelles, légitimes et sacrées, on est forcé de se réfugier dans l'idée peut-être, hélas! beaucoup trop romanesque, que Fanchette a pu trouver, par hasard, chez les bohémiens, ces parias de la civilisation, l'hospitalité, la charité, le respect que notre société et notre religion officielle lui ont si étrangement déniés. Qui sait si Dieu, qui voile sa face aux pharisiens, n'a pas étendu sa main paternelle sur la paille où elle a dormi pendant trois mois pêle-mêle avec l'immonde famille des tsingari ? Funeste société que celle où l'enfant abandonné n'a pas de secours plus explicite, plus immédiat que l'austère et mystérieuse protection du ciel ! O Providence ! daignez-vous faire des miracles pour ceux que vous frappez d'impuissance dans le berceau, et dont la destinée se traîne sur la boue des chemins? Détournez-vous des traces de la vierge et de l'orpheline l'infâme vieille qui trafique de l'enfance, et qu'on voit errer le soir dans les carrefours à la faveur des ténèbres, guettant l'innocence et la faiblesse pour les corrompre, les violenter, et les livrer tremblantes ou perverties au riche, au père de famille, au magistrat même des petites villes? les petites villes! ces antres de corruption, où l'intimidation assure l'impunité au vice et au crime tout autant qu'à Paris le mystère!

Détournons les yeux de ces spectacles d'iniquité, et prions Dieu pour les faibles, puisque les hommes sont sourds.

GEORGE SAND.

LETTRE DE M. LE PROCUREUR DU ROI

DE LA CHATRE,

AU DIRECTEUR DE LA *REVUE INDÉPENDANTE*.

La Châtre, le 9 novembre 1845.

Monsieur le Directeur,

Vous avez, dans un des derniers numéros de votre journal, inséré un article signé *George Sand*, dans lequel l'auteur s'empare d'un fait déplorable, sans doute, mais qui est loin cependant d'avoir la gravité qu'il lui attribue, pour en faire l'objet de reproches injustes contre plusieurs fonctionnaires de cette ville.

Voici, au surplus, l'événement, si étrangement rapporté par cet écrivain. Il importe tout d'abord de lui restituer son véritable caractère.

Dans le cours du mois de juillet dernier, une jeune fille presque idiote, qui avait été précédemment reçue à l'hospice de La Châtre, auquel elle avait alors cessé d'appartenir, et où elle était cependant revenue, disparut subitement. La sœur supérieure, non en vue de faire perdre cette malheureuse, comme on l'a dit, mais, au contraire, dans l'espoir, en la renvoyant aux lieux d'où elle paraissait être venue, de lui faire retrouver sa famille, l'avait fait transférer, par la voiture publique, aux environs d'Aubusson; et, là, elle avait été déposée et recueillie dans une maison voisine.

Après y avoir résidé pendant plusieurs jours, cette jeune fille s'enfuit, et parvint à se soustraire, pendant quelque temps, à toutes les recherches de l'autorité locale.

Tels sont, dans toute leur simplicité, les faits; et les réflexions qu'ils suggèrent à l'auteur de l'article ne sont ni justes ni fondées.

« Le procureur du roi de La Châtre, dit-il, en est demeuré témoin impassible. » Une pareille assertion est en tous points inexacte.

Les démarches les plus actives ont été, au

contraire, faites par le parquet de La Châtre, et pour retrouver la jeune fille, et pour faire punir les coupables (si coupables il y avait).

Une instruction a été provoquée, une enquête a eu lieu ; toutes les investigations de la justice ont été appelées et sur la conduite de la sœur supérieure et sur celle des agents qui auraient pu lui prêter leur concours ; et le tribunal, après avoir donné à cette affaire tous ses soins, a rendu, le 13 septembre dernier, une ordonnance de non-lieu ; preuve manifeste que les faits incriminés n'étaient pas entourés des circonstances odieuses dont on s'est plu à les revêtir. Ils avaient, d'ailleurs, été appréciés de la même manière par M. le procureur du roi d'Aubusson, dont l'attention avait été également appelée sur le même objet.

Ce n'est pas tout : aux recherches incessantes du parquet de La Châtre on doit d'avoir cette jeune fille ; et c'est par mon ministère qu'elle a été réclamée et réintégrée provisoirement à l'hospice de La Châtre, où elle est encore en ce moment. Elle avait été arrêtée, le 18 août dernier, dans l'arrondissement de Riom, comme se livrant à la mendicité, et placée, peu de temps après, à l'hospice de cette ville.

Telle est l'exacte vérité, appuyée sur pièces justificatives, dont je déclare publiquement me porter garant. Que l'auteur veuille bien maintenant mettre en regard de ce simple exposé l'histoire incroyable dont son article contient le récit, et qu'il dise, j'en appelle à sa conscience, s'il ne s'est pas fait l'éditeur responsable d'un roman.

Je vous prie et vous requiers, au besoin, monsieur le directeur, de vouloir bien insérer cette lettre dans votre plus prochain numéro.

Recevez, monsieur, l'assurance de mes sentiments distingués.

Le Procureur du roi de La Châtre,
ROCHOUX.

RÉPONSE A M. LE PROCUREUR DU ROI
DE LA CHATRE.

Vous avez tort, et grandement tort, monsieur, de vouloir assumer sur vous en particulier un reproche qui ne pesait sur vous que collectivement, et dont certes vous ne portiez pas la plus grosse part. Mon Dieu, que faites-vous là! Vous faites un appel à ma conscience, et vous mettez à nu le fond de la vôtre, et vous me forcez d'y plonger un regard sévère, moi qui eusse voulu n'y supposer que des torts, sinon pardonnables, du moins réparables; oubli, nonchalance, légèreté de jeunesse, préoccupation. Au lieu de cela, vous dirai-je ce que je pourrais y voir maintenant si je ne cherchais à vous excuser, et s'il ne me peinait pas profondément de condamner un jeune magistrat et un compatriote?

Mais il est donc écrit au ciel que, dans le temps où nous vivons, toute indulgence est impossible ou coupable? Vous voilà descendu sur une arène où je ne vous vois pas sans chagrin faire vos premières armes pour une si triste cause. Vous provoquez de nouvelles explications devant le public; vous m'appelez en champ clos par un démenti que je ne puis pas accepter; non qu'il m'atteigne, non qu'il me blesse, mais parce que l'on ne peut pas reculer quand on s'est mis sur la trace de la vérité. Il y a eu, de la part des autorités de La Châtre, menace de poursuites contre l'auteur de *Fanchette*. L'auteur de *Fanchette* n'a rien à redouter d'un tribunal qui serait juge et partie. Il sait bien que ces menaces sont d'amicales tentatives d'intimidation qu'on rougirait trop d'exécuter, et qu'en le faisant, on provoquerait des éclaircissements qui donneraient trop d'éclat et de force à la vérité de ses assertions, à la réalité scrupuleuse du *roman* de *Fanchette*. Ainsi donc, monsieur, je ne regarderai pas votre lettre à la *Revue Indépendante* comme un piége tendu à ma bonne foi; un procureur du roi est trop haut placé pour descendre au rôle d'agent provocateur. J'accepterai la discussion, et je vous répondrai comme vous m'interpellez, en toute simplicité.

Vous commencez par avouer que le fait dont je me suis *emparé* est *déplorable* sans doute. Non, je ne me suis pas emparé du fait; c'est le fait qui s'est emparé de moi, et qui m'a bouleversé le cœur et l'esprit; comme le même fait s'empare de vous et vous force à le qualifier tout d'abord de *déplorable*. Je n'ai pas besoin, moi, de faire ici un appel à votre conscience. Je vois bien qu'elle est émue, bourrelée, et que le premier mot qui s'échappe de votre plume proteste naïvement contre tout ce qui va suivre. Je ne doute pas de vous en ceci : j'aime à vous rendre justice.

Vous prétendez pourtant que j'ai rapporté

étrangement un événement auquel vous vous faites fort *de restituer son véritable caractère.* Eh bien, je vais reprendre mon récit et le résumer, pour le mettre en regard du vôtre, et vous verrez que votre apologie des coupables est la confirmation même de mon accusation. Il n'y a que la manière d'apprécier le fait qui diffère essentiellement entre vous et moi. Vous ne trouvez rien d'*odieux* dans cette aventure *(déplorable)* ; moi, j'y vois un crime, un crime pour lequel il faut inventer un nouveau nom, *l'innocenticide.*

J'ai dit qu'une jeune fille idiote... vous dites *presque idiote ;* je dis tout à fait idiote, idiote au point de ne savoir pas parler, bien qu'elle ne soit ni sourde ni muette ; idiote au point de ne pouvoir dire ni qui elle est, ni d'où elle vient, ni ce qu'elle veut. Il ne faut pas être idiot à demi pour être privé de la notion de son être, de l'appréciation de son individualité. Mais passons. Si j'eusse voulu faire un roman, comme vous me le reprochez sans malice, je suppose (vous savez bien que c'est mon métier, et nul ne rougit du sien), j'eusse peint Fanchette moins idiote qu'elle ne l'est en effet. Cela l'eût faite plus intéressante pour mes lecteurs. Voilà une belle héroïne de roman que la pauvre Fanchette, avec sa bouche béante et ses yeux hagards! Ce serait d'une pauvre invention.

La tout à fait idiote Fanchette, trouvée au pré Burat, comme je l'ai dit, amenée à l'hospice par le docteur Boursault, et acceptée sur un billet d'entrée de ce médecin, enfin placée chez la mère Thomas, par la femme Landat, qui fait profession de caser les enfants trouvés et abandonnés (les *champis*, comme nous disons dans notre bon vieux langage); Fanchette, revenant à l'hôpital par suite de son idiotisme, qui l'empêchait de comprendre le dégoût qu'elle y inspirait, disparut un beau matin sans être munie de l'*exeat* du médecin attaché à l'hospice (M. Boursault), formalité exigible et dont on sut fort bien se passer.

Voilà ma version. Moins prolixe que moi, car vous avez l'honneur de n'être pas *écrivain* de profession, vous dites simplement que Fanchette, *ayant cessé de faire partie de l'hôpital et y étant revenue*, DISPARUT SUBITEMENT. Disparaître subitement, ce n'est pas s'en aller naturellement, ce n'est pas être *transféré* régulièrement dans un nouvel asile, ce n'est pas se retirer en règle, muni de l'*exeat* du médecin, de la sanction des administrateurs et de l'ordre de M. le préfet; enfin, disparaître subitement, c'est s'enfuir, se suicider, être enlevé ou assassiné. Si M. le procureur du roi, M. le sous-préfet ou M. le curé venaient à disparaître subitement, il y aurait un peu plus d'émoi dans la ville, et pour cause. Cependant personne ne doit disparaître subitement, sans que, subitement aussi, les autorités locales s'enquièrent de l'individu supprimé. Enfin, nul d'entre nous, quelque idiot qu'il puisse être, n'a le droit de disparaître subitement; M. le procureur du roi le sait bien.

L'enquête du commissaire de police dit, et je dis avec l'enquête, que Fanchette *disparut* dans les premiers jours de juillet ; car l'enquête, datée du 31 juillet, porte par trois fois, pour date de l'événement : *Il y a environ un mois;* vous dites que cela se passa dans *le courant du mois :* nous sommes à peu près d'accord sur les dates. Le tribunal a rendu son ordonnance de non-lieu le 13 septembre. Fanchette a été retrouvée le 18 août; elle n'a été perdue que pendant six semaines environ. Ce n'est pas assez apparemment pour exposer ses mœurs et ses jours. Le tribunal n'a recherché et absous les délinquants qu'au bout de deux mois et demi ; il n'y a pas mis d'indiscrète précipitation. Nous sommes d'accord, vous dis-je, monsieur le procureur du roi.

Je reprends mon enquête, tirée du *roman* de M. le commissaire de police, de la déposition éminemment romanesque de Thomas Desroys, le conducteur de diligence (Blaise Bonnin a écrit *patache* par vieille habitude), et des réponses de deux femmes, maîtresses de poste, qui ont aussi l'entreprise des diligences de notre endroit.

« L'une de ces dames fut appelée à l'hospice par la sœur supérieure ; et, s'y étant rendue, la supérieure lui dit que des étrangers, sans doute, avaient abandonné en cette ville une jeune fille, âgée d'environ quatorze ou quinze ans, qui était *privée de ses sens intellectuels*, et qu'on en avait doté l'hospice ; que, pour s'en décharger elle-même, elle voulait user d'un semblable moyen ; que, conséquemment, il fallait la placer dans la voiture qui partait pour Aubusson, avec recommandation au conducteur de s'en *débarrasser* avant d'arriver à Aubusson, en l'*abandonnant* sur la route ; que, pour que personne ne s'aperçût de cela, elle la ferait conduire par une servante sur la route, hors ville, ce qui fut accepté par madame Gazonneau. Ces deux dames ajoutent que ce ne fut qu'avec une extrême répugnance qu'elles acceptèrent une semblable mission; mais qu'en vertu du caractère de la supérieure, elles se rendirent à sa demande *empressée*[1]. »

[1]. *Copie de l'enquête faite à la diligence de M. le maire de La Châtre, par le commissaire de police de cette ville.*

L'an mil huit cent quarante-trois, le trente et un juillet.

Nous, commissaire de police de la ville de La Châtre (Indre), en vertu de la lettre de M. le maire, en date d'hier, qui nous ordonne de procéder à de nouvelles investigations sur les faits et circonstances qui ont précédé, accompagné ou suivi l'exposition d'une jeune fille étrangère et idiote, qui avait été arrêtée par nos soins, il y a environ un mois, et qui, par suite, fut placée en l'hospice de cette ville; obtempérant à cet ordre, et ayant appris que cette enfant avait disparu et était partie par la voiture de M. Chauvet, maître de poste, nous nous sommes transporté à son bureau, et y avons trouvé les dames Chauvet et Gazonneau, lesquelles, sur nos interpellations, nous ont déclaré et affirmé, notamment la dame Gazonneau, qu'il y avait environ un mois, elle fut appelée à l'hospice de cette ville par la sœur supérieure; qu'y étant rendue, cette dernière lui dit que des étrangers, sans doute, avaient abandonné dans cette ville une jeune fille âgée d'environ quatorze à quinze ans, qui était privée de ses sens intellectuels, et qu'on en avait doté l'hospice; que, pour s'en décharger elle-même, elle voulait user d'un semblable moyen; que, conséquemment, il fallait la placer dans la voiture qui partait pour Aubusson, avec recommandation au conducteur de *s'en débarrasser avant d'arriver à Aubusson en l'abandonnant sur la route;* que, pour que personne ne s'aperçût de cela, elle la ferait conduire par une servante sur la route, hors ville; ce qui fut accepté par madame Gazonneau. Ces deux dames ajoutent que ce ne fut qu'avec une extrême répugnance qu'elles acceptèrent une semblable mission, mais qu'en vertu du caractère de la supérieure, elles se rendirent à sa demande empressée.

Nous avons aussi interrogé le nommé Thomas Desroys, con-

On ne peut pas être plus explicite. Laissons parler Thomas Desroys et la plume *romanesque* de M. le commissaire de police :

« Il nous a déclaré qu'au moment de partir pour Aubusson, il y avait environ un mois, madame Gazonneau (la maîtresse de poste) lui dit :

» — Vous trouverez sur la route, au sortir de la ville, une petite fille qui est *idiote*, conduite par une servante de La Châtre. Elle ne *figurera pas sur la feuille. C'est une enfant que l'on veut perdre.* Ainsi, quand vous serez environ à une lieue d'Aubusson, vous la ferez descendre de voiture et *l'abandonnerez* sur la route.

ducteur, attaché à l'administration de M. Chauvet, maître de poste. Il nous a déclaré qu'au moment de partir pour Aubusson, il y avait environ un mois, madame Gazonneau lui dit : « Vous trouverez sur la route, au sortir de la ville, une petite fille qui est idiote, conduite par une servante de l'hospice de La Châtre ; elle ne figurera pas sur la feuille. c'est une enfant qu'on veut perdre. Ainsi, quand vous serez environ à une lieue d'Aubusson, vous la ferez descendre de voiture, et l'abandonnerez sur la route. » Qu'en effet, arrivé près d'un village appelé Chaussidout, à une lieue d'Aubusson, il la fit descendre de voiture, l'abandonna, et suivit ponctuellement les ordres qui lui avaient été donnés.

La Châtre, les jour, mois et an que dessus.

Le Commissaire de police,
Signé : BOUYER.

» Qu'en effet, arrivé près d'un endroit appelé Chaussidout, à une lieue d'Aubusson, il la fit descendre de voiture, l'*abandonna* et suivit *ponctuellement* les ordres qui lui avaient été donnés. »

Voilà la première enquête. Chacun sait que les premières dépositions sont les bonnes. On n'a pas eu le temps de se consulter, d'être influencé, de comprendre et de redouter les conséquences du fait. On est frappé comme de la foudre, on dit la vérité sans détour. Et pourquoi Thomas Desroys aurait-il reculé? Il n'a peut-être pas, lui non plus, un grand développement de ses sens intellectuels. Il a obéi consciencieusement, *ponctuellement* à l'ordre de ses supérieurs. Et pourquoi les dames de l'administration des voitures auraient-elles hésité à rejeter le blâme sur qui de droit? Elles avaient *extrêmement répugné* à obéir, et le *caractère de la supérieure* avait pu seul les rassurer.

Qu'on y fasse attention, ce n'est plus Blaise Bonnin, ce n'est plus George Sand, c'est le commissaire de police, dont le *roman* officiel marche côte à côte avec celui que M. le procureur du roi veut bien nous offrir. Ce dernier roman, plus concis et plus rapide, est certainement le mieux fait des deux. Celui de M. le commissaire de police est simple et rude comme le fait; celui de M. le procureur du roi est tissu avec plus d'art. Il glisse sur les faits, et développe les intentions. Il entre dans la pensée des personnages, et leur accorde un acquittement de tendance, comme autrefois on faisait des procès de tendance.

« La sœur supérieure, dit-il, non en vue de faire perdre cette malheureuse comme on l'a dit *(comme les déposants l'ont dit au commissaire de police, comme la supérieure l'a dit aux déposants, comme le commissaire de police l'a consigné dans l'enquête, comme tout le monde le sait, et comme Blaise Bonnin et George Sand l'ont répété)*, mais au contraire dans *l'espoir*, en la renvoyant aux lieux d'où elle paraissait être venue, de lui faire retrouver sa famille, l'avait fait transférer par la voiture publique aux environs d'Aubusson, et, là, elle avait été déposée et recueillie dans une maison voisine. »

J'aime cette rédaction, elle a certainement plus de goût et de délicatesse que les réponses brutales de Thomas Desroys. Mais le fait reste le même, la rédaction n'y fait rien. La narration de M. le procureur du roi résulte sans doute d'une nouvelle enquête provoquée par lui six semaines après celle du commissaire de police, et des réponses de madame la supérieure (si tant est qu'on l'ait interrogée). Ainsi madame la supérieure s'est pleinement justifiée en déclarant qu'elle avait eu *l'espoir* de rendre Fanchette à sa famille. Mais cette supposition d'une famille à la pauvre idiote était un peu gratuite, puisque Fanchette a disparu de Chaussidout comme elle avait disparu de La

Châtre, enlevée, soit par des bohémiens, soit par d'autres religieuses, toujours pour l'aider apparemment à retrouver sa famille.

Si l'enquête du tribunal a constaté que Fanchette avait été déposée et recueillie dans une maison voisine, et qu'il y eût en effet une maison voisine du théâtre du crime, c'est un remords de conscience, un bon mouvement de Thomas Desroys; je l'en remercie de tout mon cœur. On a déjà vu cela dans bien des fables et dans bien des romans. Œdipe, Romulus, Cyrus, Geneviève de Brabant, beaucoup de héros de l'antiquité, beaucoup d'héroïnes des contes de fées, ont été confiés à des écuyers, à des soldats, à des bourreaux chargés de les noyer, de les égorger ou de les perdre, et presque toujours ces honnêtes scélérats, ces meurtriers sensibles, émus de compassion ou saisis de remords, ont abandonné au hasard les victimes condamnées à périr, ou donné à des bergers celles qu'il leur était enjoint de laisser à la merci des flots, des brigands et des bêtes sauvages. On a vu même, dans ces poétiques histoires, les louves et les biches se mettre de la partie, et allaiter les enfants perdus : ce qui ne prouverait autre chose, sinon que les brutes sont moins cruelles que les hommes, et que, pour parler le langage de Blaise Bonnin, les valets ne sont pas si pires que leurs maîtres.

Enfin, je voudrais, pour l'honneur d'un homme du peuple, et pour la satisfaction de nos cœurs, monsieur le procureur du roi, que Thomas Desroys eût manqué à sa consigne, qu'il eût cherché une maison, qu'il en eût trouvé une dans l'endroit désigné (vous vous êtes sans doute rendu sur les lieux pour voir si, par hasard, ce ne serait pas un bois, ou une lande déserte?) ; enfin qu'on eût consenti à y recueillir la pauvre Fanchette : mais les premières dépositions de Thomas Desroys ne font mention ni de cette maison, ni de ces gens hospitaliers. Il faut que le doux Thomas ait eu bien peur d'être grondé pour sa désobéissance, ou qu'il soit modeste et chrétien au point de ne pas vouloir laisser soupçonner ses bonnes actions. Vous lui avez peut-être arraché enfin cet aveu ; vous avez bien fait. Vous y avez cru ; vous le reconnaissez donc pour un homme sincère et craignant Dieu ; donc, il n'avait pas menti dans la première enquête, en déclarant qu'il lui avait été ordonné *d'abandonner, de faire perdre une enfant ?* Et, sans doute, il ne s'est pas rétracté sur ce point dans la seconde enquête que vous avez provoquée, et que nous ne connaissons pas, mais que vous promettez de nous mettre sous les yeux.

Eh bien, monsieur le procureur du roi, c'est là ce que nous vous demandons, pas autre chose ; des explications, une justification de l'impunité garantie jusqu'ici par le tribunal à un fait qui nous a paru à tous si énorme. Pensez-vous que nous ayons à nous réjouir et à triompher si, malheureusement, l'enquête du commissaire est véridique, si les témoins n'ont pas menti dans leur première déposition, si la clameur publique est fondée, si le maire a été sage de provoquer cette enquête, si notre indignation est juste et si nos plaintes sont raisonnables? Hélas! non, nous serons tous tristes, vous, moi, les magistrats, les fonctionnaires, les coupables, les témoins et le public. Tout le monde sera consterné, humilié de voir l'humanité si perverse, la religion si avilie, la faiblesse si délaissée, la misère si méprisée; aucun de nous ne chantera victoire, croyez-le bien.

Eh! vous le savez! vous savez bien que nous ne sommes pas des hypocrites; vous savez bien que nous n'aimons pas plus que vous le scandale inutile; vous savez bien que l'écrivain qui vous répond n'a jamais fait de déclamation contre les personnes, ni d'opposition, ni de politique en un mot. Pourquoi voulez-vous en faire à propos d'un fait si étranger à la politique? Pourquoi essayez-vous d'atténuer l'horreur d'un crime, vous dont la mission est de poursuivre et de punir le crime, tandis que la nôtre, à nous, serait de gémir quelquefois sur la rigueur des lois et le sort des coupables? Ce rôle, que vous prenez aujourd'hui, n'est pas dans les devoirs de votre position. Aucune influence supérieure ne peut vous l'avoir dicté, et vous vous révolteriez contre une pareille influence, si elle existait.

N'hésitez donc pas à apaiser l'indignation douloureuse qui s'est emparée de vos concitoyens, et donnez-leur des explications satisfaisantes de l'indulgence du tribunal ; ils les accepteront avec reconnaissance, ils seront heureux de n'avoir plus personne à accuser, et moi tout le premier, je dirai avec joie à mes lecteurs : « Oui, c'était un roman; j'avais été trompé. Ne prenez pas *Fanchette* pour une histoire véritable; grâce à Dieu, il n'en est rien. C'est un mauvais rêve que nous avions fait. »

Mais, si telle est votre intention, monsieur

le procureur du roi, elle n'est pas réalisée. Les explications que vous avez la bonté de nous apporter ne sont pas satisfaisantes ; bien au contraire, nous y voyons l'aveu, la confirmation de ces tristes choses qui nous faisaient frémir. Une supérieure qui, arguant, selon vous, de ce que *l'enfant n'appartient plus à l'hospice*, s'en empare, la fait enlever... *transférer*, si vous voulez, mais bien secrètement, le fait est acquis et vous ne le niez pas ; *transférer* où ? *aux lieux d'où elle paraissait être venue*. Vous ne le saviez pas : l'enfant ne l'a jamais dit. Elle ne pouvait pas le dire, elle ne peut pas parler ; personne ne la connaissait ; personne ne la connaît encore ; vous n'avez jamais pu découvrir qui elle est. La supérieure a dit textuellement qu'*à son costume, elle avait présumé qu'elle était Marchoise*. Sur cette belle certitude, on l'a donc fait *transférer* sur la grande route, dans un endroit vague, *aux environs d'Aubusson :* non pas dans une maison désignée. Votre rédaction porte : « Et la (sur la grande route, dans l'endroit quelconque), *elle avait été déposée et recueillie dans une maison* voisine. »

Tout cela est-il logique, régulier, évident, concevable? Non, tout cela n'est ni concevable, ni évident, ni satisfaisant, ni sincère. C'est l'apologie maladroite que vous a présentée une conscience coupable. Je ne comprendrai jamais et personne ne comprendra plus que moi que le tribunal s'en soit contenté, que vous vous en contentiez vous-même, et personne ne dira avec vous que l'ordonnance de non-lieu, rendue le 13 septembre, est *une preuve manifeste* de l'innocence des coupables. Non, *toutes les investigations de la justice n'ont pas été appelées, et sur la conduite de la supérieure, et sur celle des agents qui* auraient pu *lui prêter leur concours*. Non, cent fois non; car ces agents ne sont pas dignes de foi si leur seconde déposition a détruit la première, et cette première déposition est accablante, elle est sans réplique. Un jury n'y

trouverait pas de circonstances atténuantes.
M. le procureur du roi d'Aubusson, dont vous
invoquez l'opinion, et

> Qu'on ne s'attendait guère
> A voir paraître en cette affaire,

n'a rien à nous dire sur un fait qui n'est pas
du ressort de sa juridiction, et dont il n'a pas
eu à connaître. Personne ne s'est *plu à revêtir
de circonstances odieuses les faits incriminés;* un
tel office ne peut plaire à personne. Il m'a
rendu malade de chagrin. Je ne suis pas habitué comme vous autres magistrats à peser
dans le creux d'une main froide les iniquités
de mes semblables. Je n'ai rien inventé; qui
le sait mieux que vous? Vous faites appel à ma
conscience! et moi, j'appelle par trois fois la
vôtre! « Conscience, conscience, conscience de
M. le procureur du roi de La Châtre, réveillez-
vous, et soyez ce que Dieu vous a faite! »

Mais rapportons-nous-en à votre propre témoignage; c'est de vos paroles mêmes que nous voulons tirer la preuve du délit, du crime que la loi qualifie du nom d'*exposition*. Vous dites d'abord : « .Fanchette a été *transférée aux environs d'Aubusson*, ET, LA, *elle a été déposée et recueillie dans une maison voisine...* » Voisine de quoi? des environs d'Aubusson? c'est un peu vague. Et puis *déposer* et *recueillir* sont deux termes fort contradictoires ; on REÇOIT UN DÉPOT, on ne RECUEILLE que ce qui est abandonné, délaissé. D'ailleurs, si c'était un dépôt, un placement régulier, et non pas une exposition clandestine, on n'en eût pas chargé le conducteur d'une voiture publique, mais bien une des personnes qui, comme la mère Landat, sont préposées à cet emploi par l'autorité : ou, du moins, choisissant un homme étranger à cette fonction, on lui eût remis une somme destinée à la pension alimentaire de l'enfant, et non pas seulement le salaire de son aveugle complicité; on lui eût désigné une de ces maisons spéciales qui servent ordinairement de refuge aux enfants trouvés, et, au besoin, à leurs frères en infortune, les idiots, et non pas la première maison venue, VOISINE DES ENVIRONS d'Aubusson. Enfin, l'on ne pouvait, en aucun cas, se passer pour tout cela de l'autorisation du préfet; car, si la prétendue famille de Fanchette se fût présentée à l'hospice pour la réclamer, on n'eût pas pu rendre Fanchette à ses parents sans cette formalité. Or donc, monsieur le procureur du roi, vous vous êtes pris au piége de vos propres aveux, et, si vous permettez que je vous parle latin, moi qui ne le sais pas, à vous qui le savez certainement, je vous dirai : *Habemus confitentem reum.*

Autre preuve accablante contre la sincérité et l'innocence de votre prétendu *dépôt* : c'est que Fanchette a été si peu *recueillie,* qu'en réponse aux renseignements demandés par l'autorité de La Châtre, le maire de Saint-Maixent, dont dépend le hameau de Chaussidout, a déclaré dans une lettre officielle que, *malgré les recherches les plus empressées, il n'avait pu rien découvrir au sujet de cette jeune fille.* On ne l'avait pas vue, on n'avait pas entendu parler d'elle à Chaussidout, *commune de Saint-Maixent, malgré les recherches empressées du maire !...* Donc, elle n'avait été recueillie nulle part, mais bien abandonnée sur le chemin, quoi qu'on en dise. Si on nous mettait en cause comme calomniateur ou romancier (il paraît que c'est tout un), nous demanderions à M. le procureur du roi de nous conduire dans cette maison introuvable et invisible dont l'administration charitable de La Châtre fait la succursale de son hospitalité, et nous sommerions M. le procureur du roi de recevoir l'attestation des habitants de cette demeure fantastique, entre les mains desquels, selon lui, on aurait déposé Fanchette.

Nous n'avons pas fini.

Après avoir résidé plusieurs jours dans cette maison supposée, où, quand même nous accepterions l'affirmation de M. le procureur du roi,

Fanchette n'aurait certes pas eu le droit de réclamer un asile, puisque M. le préfet lui en avait assigné un autre; dans *cette maison*, qui n'eût été nullement engagée à se charger d'un enfant perdu, pour qui elle eût dû être une charge impossible à accepter, où certainement personne n'aurait eu ni le temps, ni le moyen, ni le devoir de la garder et de la surveiller; vous dites que *cette jeune fille* PARVINT A SE SOUSTRAIRE *pendant quelque temps à toutes les recherches de l'autorité locale.* C'est faux; on vous a trompé. Fanchette, qui n'a jamais pu parvenir à dire deux mots de suite, n'est certainement pas *parvenue à se soustraire* à quoi que ce soit. Fanchette sait bien, en vérité, ce que c'est que les autorités locales ! Elle a bien affaire de s'y *soustraire*, elle qui cherche un asile, comme un chien sans maître, contre le froid et la faim ! Il est bien aisé de comprendre ce que cherchait la pauvre vagabonde en quittant son nouveau gîte : elle essayait de retourner à l'hospice.

C'était son idée fixe. On ne peut pas lui en supposer d'autre, puisqu'elle ne faisait autre chose tandis qu'elle résidait chez la femme Thomas. Malheureuse qui croyait trouver là secours et protection! Oh! que sa stupide confiance doit enfoncer de poignards dans le cœur de la supérieure, si tant est que cette femme ait un cœur! Mais la honte de la réprobation publique et la crainte du châtiment réveillent parfois une espèce de conscience chez ceux qui n'en avaient point. Puisse-t-elle gémir et pleurer aux pieds du Christ, cette *sœur de la charité!* je le lui souhaite; je ne lui souhaite pas d'autre mal.

Ainsi Fanchette ne pouvait pas, comme un bandit, comme un forçat évadé, se *soustraire aux recherches de l'autorité*. Elle ne connaît point d'autorité, elle ne connaît que la grande route; elle a pu la suivre au hasard, espérant revenir à La Châtre. Elle a rencontré des bohémiens; ils l'ont emmenée, de gré ou de force, qui peut le savoir? On l'a retrouvée, six semaines après, parmi des bateleurs, à Riom. Vous dites qu'elle se livrait à la mendicité : c'est possible; mais avec qui? Vous ne le dites pas, et pourtant vous devez le savoir. *Vous le savez.* Cela a paru, à quelques personnes d'ici, une invention romanesque, une opposition ingénieuse. Elle n'a rien que de naturel. Il n'y a en France que des bateleurs à qui un enfant puisse servir à quelque chose; ce sont eux qui se chargent de recueillir ceux que les hospices repoussent.

C'est par vos *soins*, par votre *ministère, qu'elle a été réintégrée provisoirement à l'hospice de La Châtre.* Je n'en doute pas; mais, dites donc, par l'ordre et les soins de qui a-t-elle été ramenée, cette enfant, *de brigade en brigade,* comme un malfaiteur et avec les malfaiteurs, couchant parmi eux peut-être, sur la paille ou sur le pavé des prisons? On sait bien ce que c'est qu'un pareil voyage, en pareille compagnie; et si, de stupide, Fanchette n'est pas devenue folle, si elle n'est pas enceinte comme on le dit (je crois bien que c'est faux), enfin, si elle est infectée des honteuses plaies de la débauche et de la prostitution, à qui la faute? Et *il n'y a pas de coupables?* et votre *ordonnance de non-lieu* sur ce fait *déplorable* en est *une preuve manifeste?* et vous nous dites cela, à nous autres mères de famille? et vous avez une sœur, une femme, une mère? et je suis un romancier? Ah! vous en êtes un autre! si c'est une honte, buvez-la.

Pardonnez-moi! mon cœur saigne de vous dire de pareilles choses; mais qu'êtes-vous venu faire dans tout ceci? Mon accusation sur votre incurie de magistrat était-elle aussi grave que celle dont vous vous chargez si gratuitement, si follement? Les faits que vous avancez confirment les miens. La différence, je le répète, est dans la manière dont vous les appréciez, puisque vous ne leur reconnaissez pas *la gravité que nous leur attribuons.* Je ne disais pas que vous eussiez un cœur de pierre, je ne le pensais pas. Je n'aurais jamais osé vous taxer d'insensibilité, de mépris pour l'espèce humaine, de partialité pour les âmes criminelles, d'aversion pour celles qui haïssent le crime. Et, à vous entendre, à lire votre lettre, on croirait que vous avez toutes ces glaces dans l'âme, toute cette perversité dans l'esprit. Vous avez eu trop de confiance; vous saviez que nous vous connaissions pour un bon et faible jeune homme, et votre zèle à justifier cet événement *déplorable* vous a fait oublier que le public auquel vous vous adressez, ce public, rude et sauvage qui juge un homme sur ses paroles, et ne s'inquiète ni de ses secrets instincts ni de sa vie privée, allait vous condamner sans appel et crier anathème sur votre apologie. Nous serons forcé de vous défendre, et nous le ferons, tandis que vous nous accuserez de provoquer le scandale et d'incriminer vos intentions.

Vous vous trouvez compromis par nos reproches de lenteur et de patience. Eh bien, il fallait vous en tenir à cette justification : « Nous avons agi, nous avons tâché de retrouver Fanchette. » Il fallait dire que vous aviez, vous personnellement, provoqué une enquête, et que le reste ne vous regardait pas, puisque l'ordonnance de non-lieu n'émanait pas de vous ; et il ne fallait pas vous faire le rédacteur, *l'éditeur responsable* du *roman* invraisemblable intitulé *l'Espoir de madame la supérieure*. Voilà où est l'aventure *incroyable* ! C'est la sollicitude de cette femme qui arrache une enfant à la surveillance des autorités, aux soins du médecin, à une retraite assignée par le préfet, à un asile assuré, à un secours du gouvernement, le tout par bonté d'âme, et qui la fait perdre *du côté* où elle *présume*, où elle *espère* qu'elle *doit* avoir une famille, et qu'elle *pourra* la retrouver. Comme c'est ingénieux ! quelle charité éclairée ! quelles candides intentions ! Grâce à Dieu, je suis femme et ne comprends rien aux lois que les hommes ont inventées ; mais j'ai ouï dire qu'il y avait des châtiments pour ceux qui causaient la mort par imprudence. Il n'y en a donc pas pour ceux qui risquent la vie, l'honneur et la santé d'autrui par *imprudence*? Mettons que ce ne soit pas autre chose; en tout cas, l'imprudence est grande, et, si la supérieure ne doit pas être punie (ce qu'à Dieu ne plaise! je n'aime pas le système des châtiments), au moins aurait-elle mérité quelque sévère réprimande; au moins ne mérite-elle pas qu'un magistrat prenne son parti, et nous la déclare innocente et persécutée, bien intentionnée et pure de tout reproche; au moins avons-nous le droit de nous étonner, de blâmer, et de nous remontrer les uns aux autres l'horreur et le scandale d'une imprudence de ce genre. Eh quoi! vous cachez, vous étouffez l'affaire; libre à vous! mais encore vous vous fâchez quand nous la découvrons, et vous voulez nous interdire d'en parler? Sommes-nous en France ou en Russie?

Vous m'en voulez pour avoir dit, monsieur

le procureur du roi, que vous étiez demeuré *témoin impassible*. Eh bien, si vous ne l'avez pas été, tant mieux, Je vous crois de toute mon âme. Pourquoi voulez-vous donc maintenant vous poser en apologiste passionné des intentions les plus coupables? C'est bien pis.

Vous avez fait tous vos efforts pour retrouver Fanchette : je le crois bien ! Les autres fonctionnaires ont agi aussi avec activité, avec effroi du scandale qui allait retomber sur l'administration de l'hospice et sur le clergé? Je le crois encore ! Mais l'enfant retrouvée telle quelle, on s'est calmé bien vite. Le sous-préfet a été vivement affecté, m'a-t-on dit, du sort de Fanchette ; je ne doute pas de la bonté de son cœur. Mais les hommes les plus probes et les meilleurs sont-ils donc obligés par état, dès qu'ils sont revêtus de fonctions publiques, à une prudence ombrageuse? Est-ce l'esprit du gouvernement qui leur impose ces ménagements pour certaines personnes, cette irritation contre d'autres? On le dit ; moi, je ne veux pas le croire.

Cependant, une modeste souscription s'est ouverte à La Châtre pour faire imprimer et vendre au profit de Fanchette le *roman* qui porte son nom. C'était une bonne œuvre. Le prétendu roman avait eu du succès dans la localité. L'imprimeur n'y courait aucun risque : c'était la reproduction d'un ouvrage déjà publié, et non incriminé par le gouvernement. Le prix était convenu, le nombre d'exemplaires fixé. Mais, après avoir été faire sa déclaration à la sous-préfecture, l'imprimeur est revenu tout effrayé, et bien décidé à ne pas nous prêter le secours de son industrie. Monsieur le procureur du roi, demandez donc de ma part à M. le sous-préfet pourquoi il a fait intimider de la sorte ce brave homme d'imprimeur? Que lui importait un peu plus ou un peu moins de publicité au *roman* de Fanchette? S'il eût réclamé contre la petite part de blâme que je lui faisais, j'eusse eu grand plaisir à me démentir et à réparer mon injustice. Mais comment croirons-nous à sa sincérité, comment jugerai-je ses intentions, à présent que je le vois armé des foudres de l'intimidation, on dit même d'une menace de poursuite contre moi? Au moins on devrait bien me donner le temps de me retourner et de vendre mon *roman* au profit de l'idiote, puisqu'on a bien donné à ceux qui l'ont *exposée* et *perdue* neuf ou dix semaines de répit avant d'instruire sur leur conduite [1].

Vous allez voir qu'on n'a pas procédé envers eux avec autant de hâte et de méfiance. C'est un autre petit récit dont je me fais encore *l'éditeur responsable.*

M. Delaveau, maire de la Châtre et député

1. L'impression de *Fanchette* a été tentée à Bourges et y a échoué pour les mêmes causes. De trois imprimeurs, l'un a le monopole des imprimés de la préfecture, l'autre celui des annonces judiciaires, le troisième est imprimeur du clergé. A Châteauroux, certitude des mêmes obstacles : partout, en province, même position des imprimeurs, même dépendance du pouvoir, même âpreté du pouvoir *à paralyser la presse.*

de l'Indre, à son retour de la dernière session, trouva dans les bureaux de la mairie une lettre de M. le sous-préfet, qui était arrivée en son absence un mois ou six semaines auparavant, laquelle lettre était relative au fait de la disparition de Fanchette et en demandait l'explication. Comme président du bureau d'administration de l'hospice, M. Delaveau rassembla le conseil de cette administration, et exhorta ses collègues à s'occuper de la lettre de M. le sous-préfet. Il lui fut répondu que l'on n'avait pas répondu, mais que, comme ladite lettre n'avait pas été suivie de ce qu'on appelle une lettre de rappel, c'est-à-dire d'une preuve de l'insistance de ce fonctionnaire pour avoir raison du fait, il n'y avait plus lieu de s'en occuper. Apparemment, disait-on, le sous-préfet est aujourd'hui fixé sur le sort de Fanchette. M. Delaveau s'étonna, s'indigna de cette inaction. Il ne devait pas s'en étonner. Un membre de ce bureau, zélé pour le gouvernement, et influent dans les affaires de l'hospice, avait lui-même donné à la supérieure le conseil, on dit même l'*ordre,* de faire perdre l'enfant, et la plupart des autres membres n'étaient pas apparemment très-révoltés de cet acte, puisqu'ils se joignaient à lui pour en étouffer la publicité. M. Delaveau ne se laissa point convaincre par l'opinion du conseil, ni décourager par la cynique indifférence de certaines personnes.

Il déclara que, puisqu'on paralysait son action comme président du bureau d'administration de l'hospice, il se réservait d'agir comme maire, et de diriger des poursuites contre les coupables. C'est alors que M. Delaveau provoqua l'enquête suivie par le commissaire de police, et que j'ai citée plus haut. Elle est courte, elle est incomplète, puisque la supérieure et son conseiller n'y figurent point en personne. Cependant, elle suffit pour établir le fait nettement, et copie en fut envoyée par le maire de La Châtre au procureur du roi et au sous-préfet. Le même jour, 31 juillet, arriva enfin la lettre de rappel du sous-préfet.

De tout cela, il résulte que le premier mouvement, en l'absence de M. Delaveau, est venu de M. le sous-préfet, et que, après les démarches de M. Delaveau, les autres démarches de M. le sous-préfet ne se sont pas fait attendre. Cependant on peut douter que la lettre de rappel eût été envoyée si l'enquête n'eût pas été déjà faite. Il n'y a pas certainement dans tout cela de quoi couronner ni pendre M. le sous-préfet; mais tout l'honneur de l'activité, du courage et de la persévérance revient à M. Delaveau, comme maire, à M. Boursault, comme médecin de l'hospice, et l'action du tribunal, qui a été la plus tardive, est venue tout remettre à néant. Vous dites, monsieur le procureur du roi, que c'est précisément *une preuve manifeste du néant de l'affaire*; pour nous, jusqu'à présent, c'est une preuve manifeste de l'intérêt qu'on avait effectivement à l'étouffer. Il est possible que nous nous trompions ; éclairez-nous, daignez fournir vos preuves, nous ne demandons pas mieux que de nous y rendre, si elles sont bonnes. Moi, je vous répète que je suis prête à vous demander pardon de mon irrévérence, et à la rétracter publiquement, mais que votre lettre me force à persévérer plus que jamais dans mes accusations ; que votre enquête elle-même est frappée à mes yeux d'une complète nullité morale, et n'atténue en rien la gravité de celle du commissaire de police. Et si vous voulez que je vous dise pourquoi, c'est que les personnes qui pouvaient le mieux éclairer votre religion n'y ont pas figuré.

Ainsi, vous n'avez entendu ni M. Delaveau, maire de la ville ; ni ses adjoints, qui présidaient le conseil en son absence ; ni M. Boursault, médecin de l'hospice, qui, par ses fonctions, était chargé de donné l'*exeat*, pièce indispensable pour autoriser le déplacement de Fanchette. Si M. le maire de la Châtre avait été appelé, il eût pu produire la lettre du maire de Saint-Maixent, qui détruit sans réplique votre illusion de cette fameuse maison de refuge, *voisine des environs d'Aubusson*, sur laquelle repose toute la justification de l'événement déplorable. Si M. Boursault avait été entendu, il eût également détruit votre illusion charitable sur le *presque idiotisme* de la victime. Enfin vous eussiez dû appeler la femme Cruchon, qui demeure sur la route de Guéret, et chez laquelle Pélagie, la servante de l'hospice, a stationné avec Fanchette en attendant le passage de Desroys, au moment choisi pour l'enlèvement. Quant à Desroys, nous ne pouvons pas savoir ce qu'il a pu vous dire dans votre instruction à huis clos, pour détruire et atténuer ses premières révélations; mais nous savons bien ce qu'il disait *hier* encore, et cela a bien le caractère d'une vérité naïve. Il avait *abandonné* l'enfant sur la grande route, au milieu de la nuit ; et il en avait eu tout d'un coup *le cœur gros* sans trop savoir comment. Il avait lancé ses chevaux à toute bride à la descente, pour fuir Fanchette et le remords ; mais soudain il les avait arrêtés, arrêté lui-même comme par la main de Dieu, pour regarder si, en courant après lui, elle ne s'exposait pas à *prendre du mal*. Il ne l'avait pas vue, et, ne pouvant se débarrasser de son souvenir, pendant cinq à six jours il allait demandant sur son passage à toutes les laitières qu'il rencontrait :

— N'avez-vous pas trouvé par là un enfant ?

Je n'ai qu'une erreur à rectifier dans la lettre de Blaise Bonnin, c'est que la ville de Riom soit située dans le département du Cantal ; il paraît qu'elle est située dans celui du Puy-de-Dôme. C'est une faute de géographie dont je ne me suis point aperçue en transcrivant la lettre de mon ami Blaise, par la raison que je ne possède pas cette science mieux que lui.

Mais les paysans et les femmes, assez doctes peut-être dans les questions de sentiment, ne sont tenus à rien de mieux.

Agréez, monsieur le procureur du roi, l'expression de mes sentiments distingués.

GEORGE SAND.

Nohant, près La Châtre (Indre).

COPIE DE LA LETTRE ADRESSÉE A GEORGE SAND PAR M. DELAVEAU, MAIRE DE LA CHATRE ET DÉPUTÉ DE L'INDRE.

La Châtre, 16 novembre 1843.

Madame,

Je reçois à l'instant communication de votre réponse à M. le procureur du roi près le tribunal de cette ville, et l'invitation que vous m'adressez d'attester l'exactitude des faits consignés dans votre récit sur Fanchette.

Comme magistrat, je devais compte de ces faits tant au sous-préfet qu'au procureur du roi de cet arrondissement, et, ce devoir rempli, j'aurais désiré demeurer étranger à ces débats; mais, puisque vous invoquez mon témoignage, je crois de mon devoir de rendre hommage à la vérité. Ainsi, je déclare que les faits que vous précisez dans votre réponse à M. le procureur du roi sont, en ce qui me concerne, d'une exactitude complète. Quant aux passages de l'enquête faite, sur ma réquisition, par M. le commissaire de police, ils sont identiques avec les termes de son procès-verbal.

Veuillez agréer, madame, l'assurance de mes sentiments les plus respectueux.

DELAVEAU.

COPIE DE LA LETTRE ADRESSÉE A GEORGE SAND PAR M. BOURSAULT, MÉDECIN DE L'HOSPICE DE LA CHATRE.

Madame,

Vous m'envoyez votre réponse à la lettre de M. le procureur du roi; après en avoir pris lecture, je certifie qu'en ce qui me concerne, tout est d'une parfaite exactitude.

Recevez, madame, mes salutations empressées.

BOURSAULT, D. M. P.

FIN

TABLE

	Pages.
DÉDICACE A MAURICE SAND	I
AVANT-PROPOS	III
I. LES PIERRES SOTTES OU PIERRES CAILLASSES	1
II. LES DEMOISELLES	15
III. LES LAVEUSES DE NUIT OU LAVANDIÈRES	28
IV. LA GRAND'BÊTE	41
V. LES TROIS HOMMES DE PIERRE	55
VI. LE FOLLET D'EP-NELL	67
VII. LE CASSEU' DE BOIS	81
VIII. LE MENEU' DE LOUPS	95
IX. LE LUPEUX	107
X. LE MOINE DES ÉTANGS-BRISSES	119
XI. LES FLAMBETTES	133
XII. LUBINS ET LUPINS	147

TABLE

	Page
CROYANCES ET LÉGENDES DU CENTRE DE LA FRANCE	159
LA REINE MAB	169
LA FÉE QUI COURT	175
LE RUISSEAU	177
FANCHETTE	181

Émile Colin. — Imprimerie de Lagny.

EXTRAIT DU CATALOGUE MICHEL LÉVY

1 FRANC LE VOLUME. — 1 FR. 25 PAR LA POSTE

A. DE BRÉHAT

	vol
L'AMOUR AU NOUVEAU MONDE	1
LES AMOUREUX DE 20 ANS	1
LES AMOURS DU BEAU GUSTAVE	1
LES AMOURS D'UNE NOBLE DAME	1
L'AUBERGE DU SOLEIL D'OR	1
LE BAL DE L'OPÉRA	1
LA BELLE DUCHESSE	1
BRAS D'ACIER	1
LA CABANE DU SABOTIER	1
LES CHASSEURS D'HOMMES	1
LES CHASSEURS DE TIGRES	1
LE CHATEAU DE VILLEBON	1
LES CHAUFFEURS INDIENS	1
LES CHEMINS DE LA VIE	1
LE COUSIN AUX MILLIONS	1
DEUX AMIS	1
UN DRAME A CALCUTTA	1
UN DRAME A TROUVILLE	1
UNE FEMME ÉTRANGE	1
HISTOIRES D'AMOUR	1
HOTEL DU DRAGON	1
LES MAITRESSES DU DIABLE	1
LE MARI DE Mme CAZOT	1
LES ORPHELINS DE TRÉGUÉREC	1
LE ROMAN DE DEUX JEUNES FEMMES	1
SCÈNES DE LA VIE CONTEMPORAINE	1
LA SORCIÈRE NOIRE	1
SOUVENIRS DE L'INDE ANGLAISE	1
LE TESTAMENT DE LA COMTESSE	1
LES VACANCES D'UN PROFESSEUR	1
LA VENGEANCE D'UN MULATRE	1

E.-L. BULWER, Tr. Am. Pichot

LA FAMILLE CAXTON	2
LE JOUR ET LA NUIT	2

ÉMILE CARREY

LES RÉCITS DE KABYLIE	1
LES RÉVOLTÉS DU PARA	1

CÉLESTE DE CHABRILLAN

UN AMOUR TERRIBLE	1
LES DEUX SŒURS	1
LA DUCHESSE DE MERS	1
ÉMIGRANTES ET DÉPORTÉES	1
EST-IL FOU ?	1
LES FORÇATS DE L'AMOUR	1
UNE MÉCHANTE FEMME	1
LES VOLEURS D'OR	1

ÉMILE CHEVALIER

	vol
LE CAPITAINE	1
LE CHASSEUR NOIR	1
LES DERNIERS IROQUOIS	1
LA FILLE DES INDIENS ROUGES	1
LA FILLE DU PIRATE	1
LE GIBET	1
LA HURONNE	1
L'ILE DE SABLE	1
LES NEZ-PERCÉS	1
PEAUX ROUGES ET PEAUX BLANCHES	1
LES PIEDS-NOIRS	1
POIGNET D'ACIER	1
LA TÊTE-PLATE	1

JULES GÉRARD

LA CHASSE AUX LIONS	1
MES DERNIÈRES CHASSES	1
VOYAGES ET CHASSES	1

PIERRE VÉRON

L'AGE DE FER-BLANC	1
AVEZ-VOUS BESOIN D'ARGENT ?	1
LA BOUTIQUE A TREIZE	1
LES CHEVALIERS DU MACADAM	1
LA COMÉDIE EN PLEIN VENT	1
LA COMÉDIE DE VOYAGE	1
EN 1900	1
LES COULISSES DE GRAND DRAME	1
LES DINDONS DE PANURGE	1
LA FOIRE AUX GROTESQUES	1
GRIMACES PARISIENNES	1
LA GRRRANDE FAMILLE HASARD	1
MAISON AMOUR ET Cie	1
LES MARCHANDS DE SANTÉ	1
LES MARIONNETTES DE PARIS	1
MYTHOLOGIE PARISIENNE	1
M. ET Mme TOUT LE MONDE	1
NOS BONS CONTEMPORAINS	1
LES PANTINS DU BOULEVARD	1
PARIS A TOUS LES DIABLES	1
PARIS COMIQUE SOUS LE 2e EMPIRE	1
PARIS S'AMUSE	1
LE PAVÉ DE PARIS	1
PHÉNOMÈNES VIVANTS	1
RESSEMBLANCE GARANTIE	1
LE ROMAN DE LA FEMME A BARBE	1
SAC A LA MALICE	1
LES SOUFFRE-PLAISIR	1
LA VIE FANTASQUE	1

Le Catalogue complet sera envoyé franco à toute personne qui en fera la demande par lettre affranchie.

Paris. — Imprimerie J. CATHY, 3, rue Auber.

www.ingramcontent.com/pod-product-compliance
Lightning Source LLC
Chambersburg PA
CBHW050656170426
43200CB00008B/1315